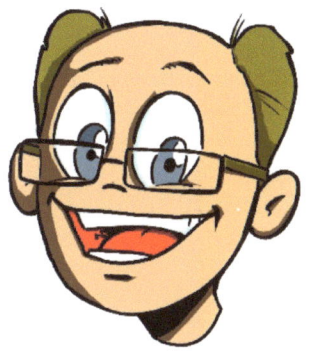

VORWORT

Liebe Leserschaft,

es ist kaum zu begreifen, aber es sind tatsächlich bereits Jahrzehnte seit dem Startschuss 1986 vergangen, als ich mit dem festen Entschluss mit der Kunst Geld zu verdienen, anfing.

Seit dieser Zeit sind unzählige Stationen an mir vorbeigezogen. Manches war schwierig zu meistern, andere Dinge waren dagegen wieder sehr schön. Die langen Jahre des SCHNELLZEICHNENS zum Beispiel auf unzähligen Messen, Tage der offenen Türen, Hochzeiten, etc. waren schön und schwere Herausforderungen zugleich.

Allein die Disziplin bis zu acht oder mehr Stunden unentwegt zu karikieren und portraitieren, um danach seinen Rücken wieder zu sortieren, war eine Challenge.

Die wunderschönen Stunden im Atelier über der Zeichenplatte gebeugt (und später am Rechner), hinterließen ebenfalls bleibende Erinnerungen.

Dieser Ratgeber hat weniger den Anspruch **jedem** gerecht zu werden, als vielmehr das Zeichnen aus **meiner** Sicht zu begreifen. Ich stelle anhand von konkreten Beispielen dar, welches Wissen wie angewendet wird. Wie ich als Zeichner letztendlich ans Ziel komme unterhaltende Striche professionell zu führen und ein gutes Ergebnis zu erreichen.

Ich hoffe sehr, Ihnen Wissenswertes unterhaltsam vermitteln zu können, und Ihnen auf IHREM Weg zu helfen.

Ihr Wolfgang Schwandt, März 2024

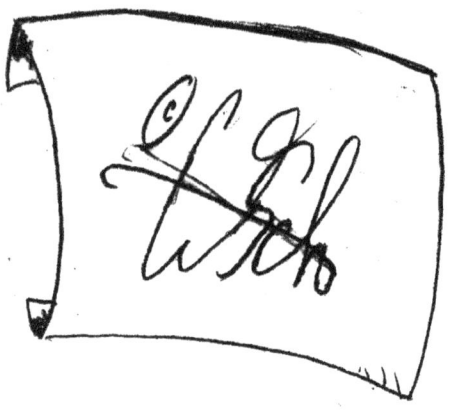

INHALT

Vorwort

Kapitel 1: Das Arbeitsmaterial

Kapitel 2: Von den Basics bis zu plastisch

dargestellten Formen

Kapitel 3: Die zwingende Macht der Perspektive

Kapitel 4: Figürliches Zeichnen

Kapitel 5: Der menschliche Kopf und das Gesicht

Nachruf…

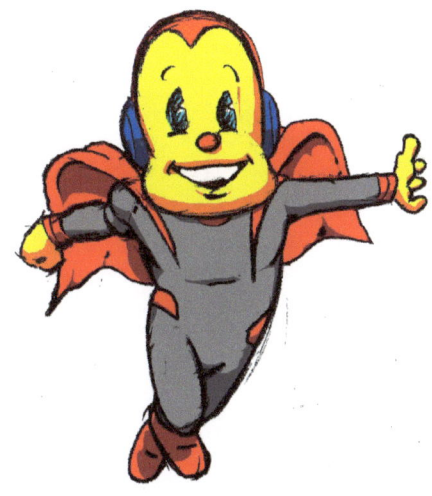

Für S. & G. S.

HOW TO DRAW LIKE WOLFGANG SCHWANDT

Von Wolfgang Schwandt

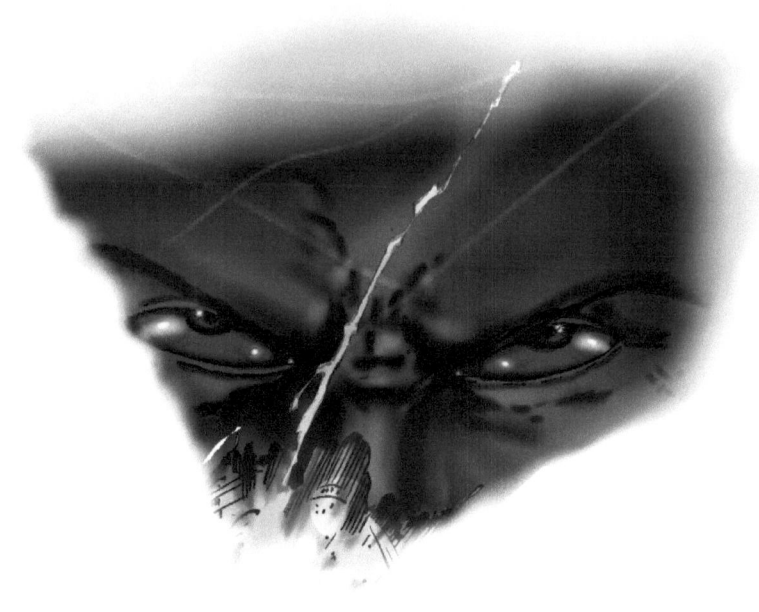

IMPRESSUM

BIOGRAFIE (Auszug)

- April 1986, Start der Karriere mit dem Willen erstes Geld durch das   Zeichnen zu verdienen

- Juli 1988- ca. Oktober1993 Co-Creator und Mitherausgeber (Begründer) des ersten Ahlener Comic-Magazins „Dickkopp"

- 1990 KCF-Verlag „Norrok" im Piccolo-Action-International

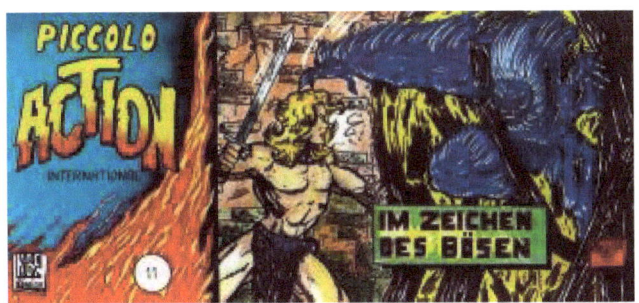

- 1991 KCF-Verlag „Norrok"(2) im Piccolo-Action-International

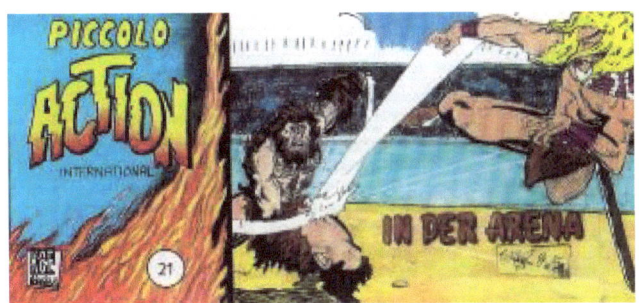

- 1993 Utopia Bd. 3: Der Fremde im H-J-Bernd-Verlag

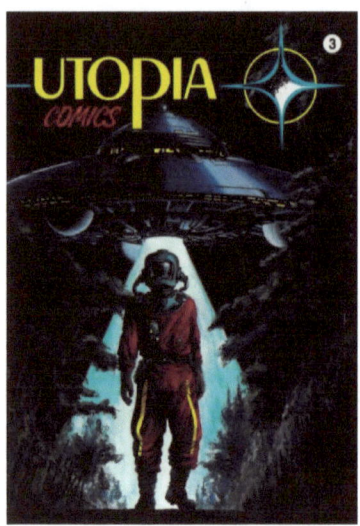

- 1994 DROBS (Comic f. d. Drogenberatung e. V.)

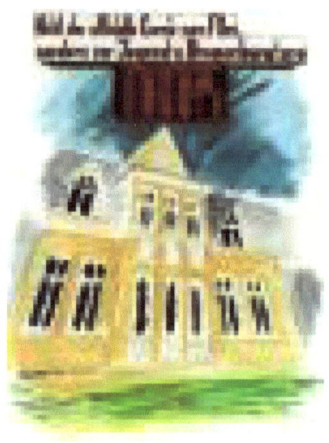

- 1995 – 1999 Pitty, das Apothekermännchen u. DRK-Tröpfli als Comic-Strip-Serien

- 1997 – 2014 Dickkopp-Radioshow (Host), fast 500 Sdg. auf d. Wellen v. Radio WAF

- 2000 – 2005 Blume Özdemir, Comic-Strip-Serie (Stadtteilbüro, Willi-Magazin)

- 1999 – 2012 diverse Cover u. Cartoons f. d. Willi-Magazin

- 2004 – 2008 Veröffentlichungen beim US-Independent-Label Ronin, u. a. Alpha Omega 1-4

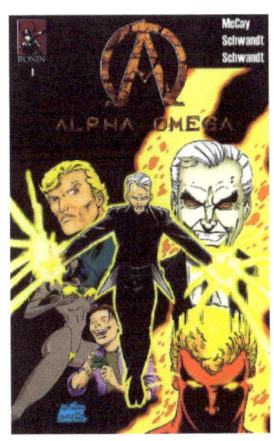 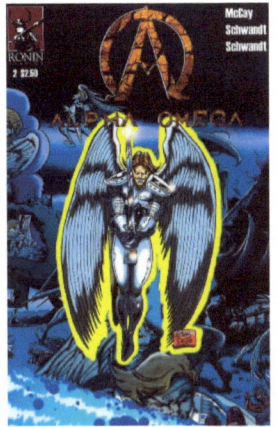

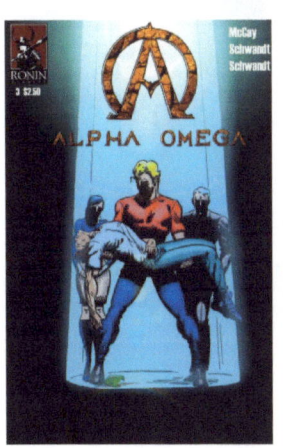 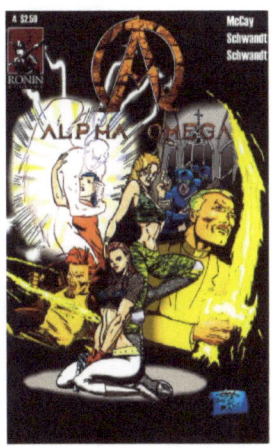

- 2007 Pauluskirche – Eine Reise durch Kirche, Zeit und Raum. Nach einem Text von Pfarrerin und Superintendentin Martina Espelöer zum 50jährigen Jubiläum

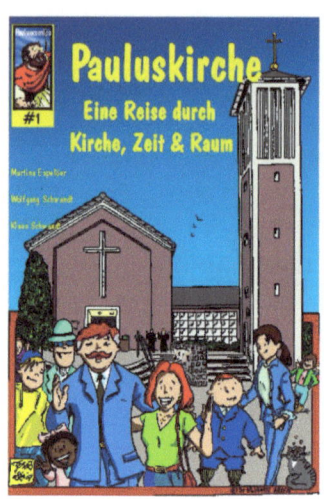

- 2013 Debutroman als Selfpublishing „Der Schnellzeichner"

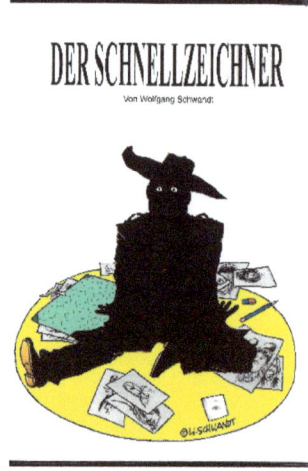

- 2018 Pott´s-Werbecomic „Auf d. Suche n. d. leckersten Bier"

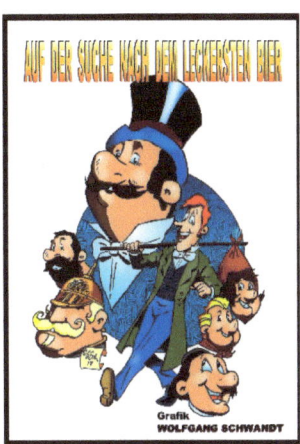

- 2018 Roman als Selfpublishing „Die Evolutionären-Der Fluch d. Zeit"

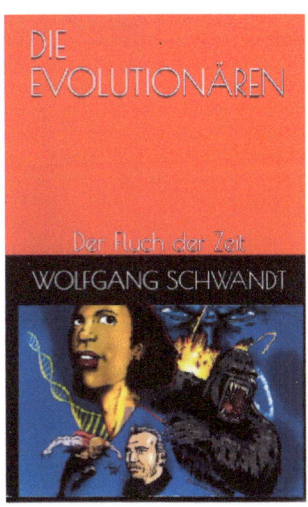

- 2021 Beginn der Zusammenarbeit an diversen Titeln d. US-Independent-Verlags Bloodmooncomics, u. a. Devil Tree 1-6, White River Monster 1-7, etc.

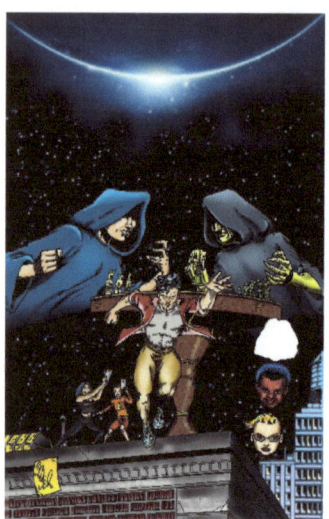 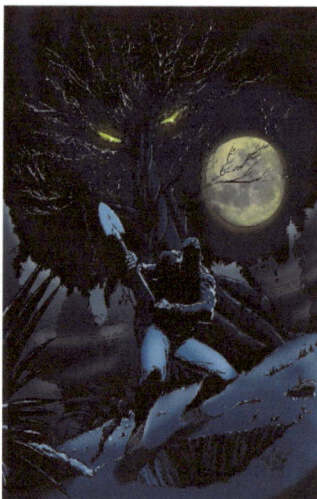

- November 2023 „The Evolutionaries - Curse of Time" (Engl. Ausgabe)

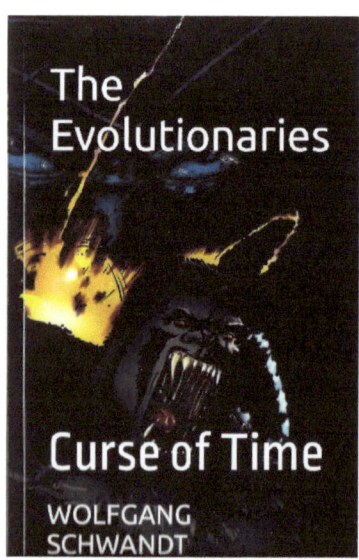

- Januar 2024 „Die Evolutionäre, Bd. 2 – Das Schicksal der Macht"

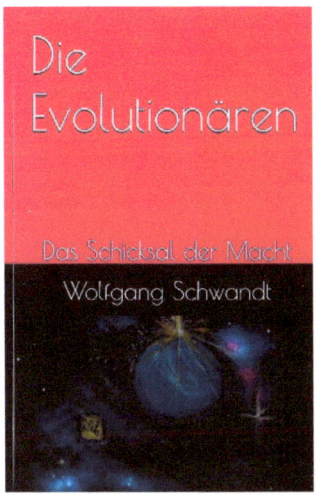

- Februar 2024 „The Evolutionaries – The Fate of Power" (Engl. Ausgabe)

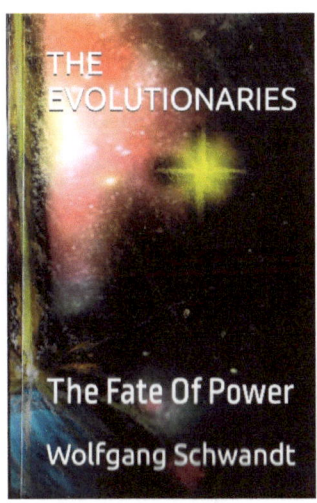

- Des weiteren Werbe-Illustrationen, Gemälde, Karikaturen und Portraits

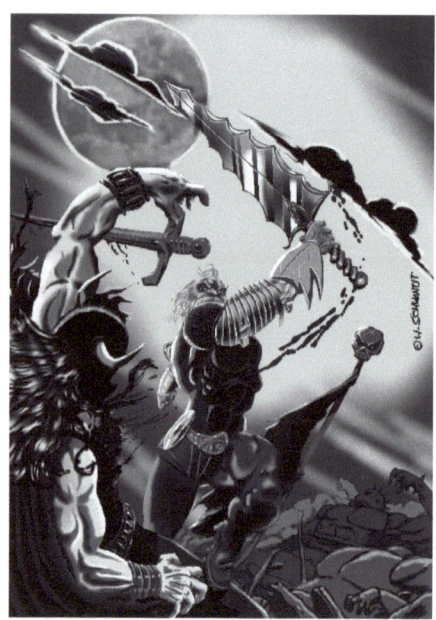

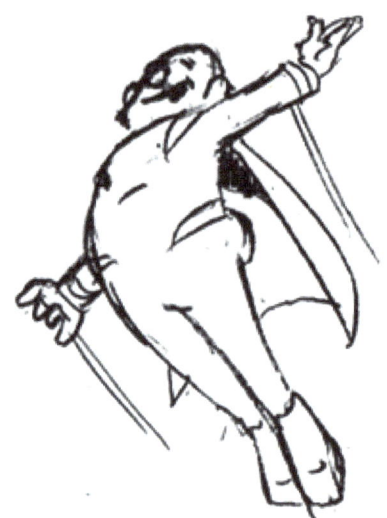

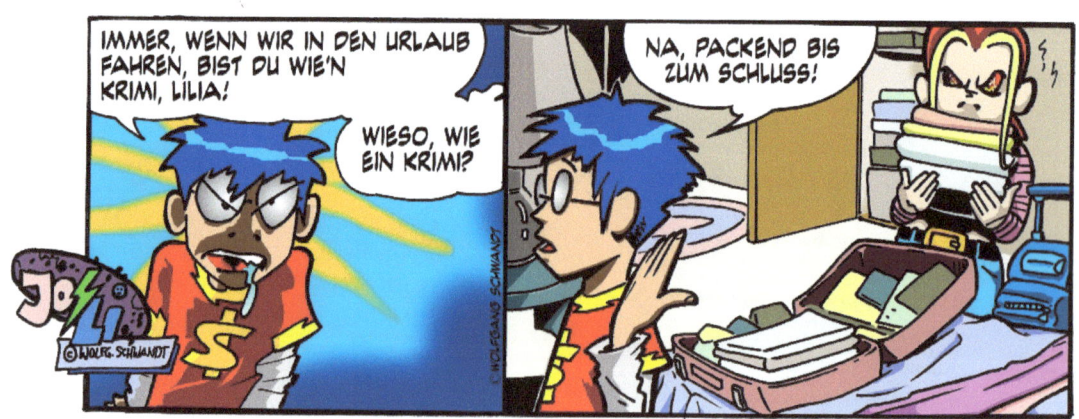

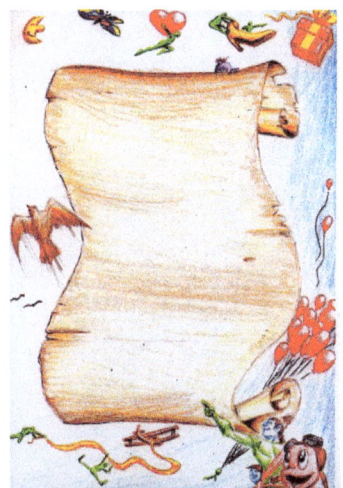

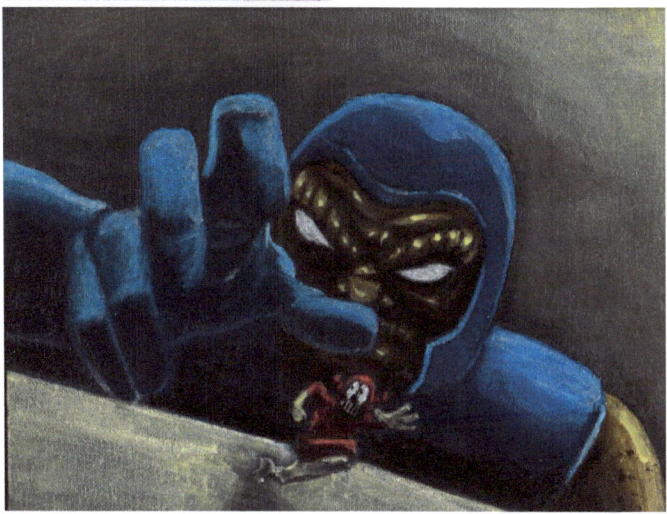

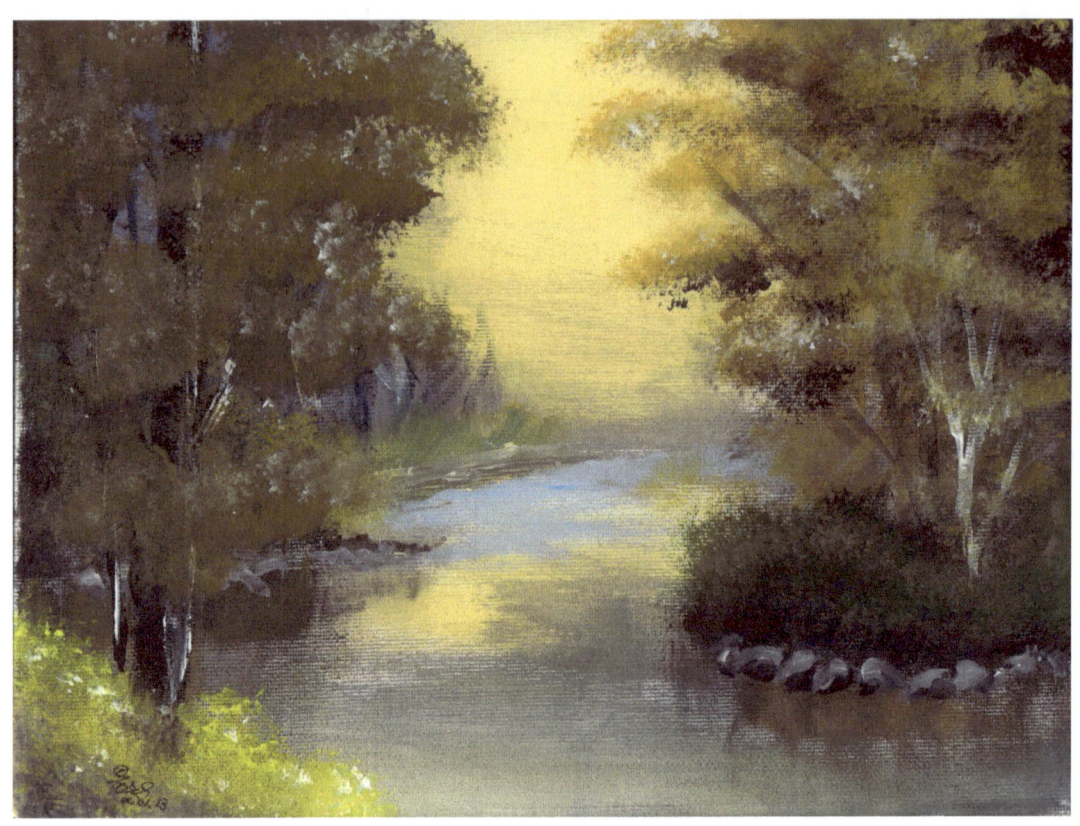

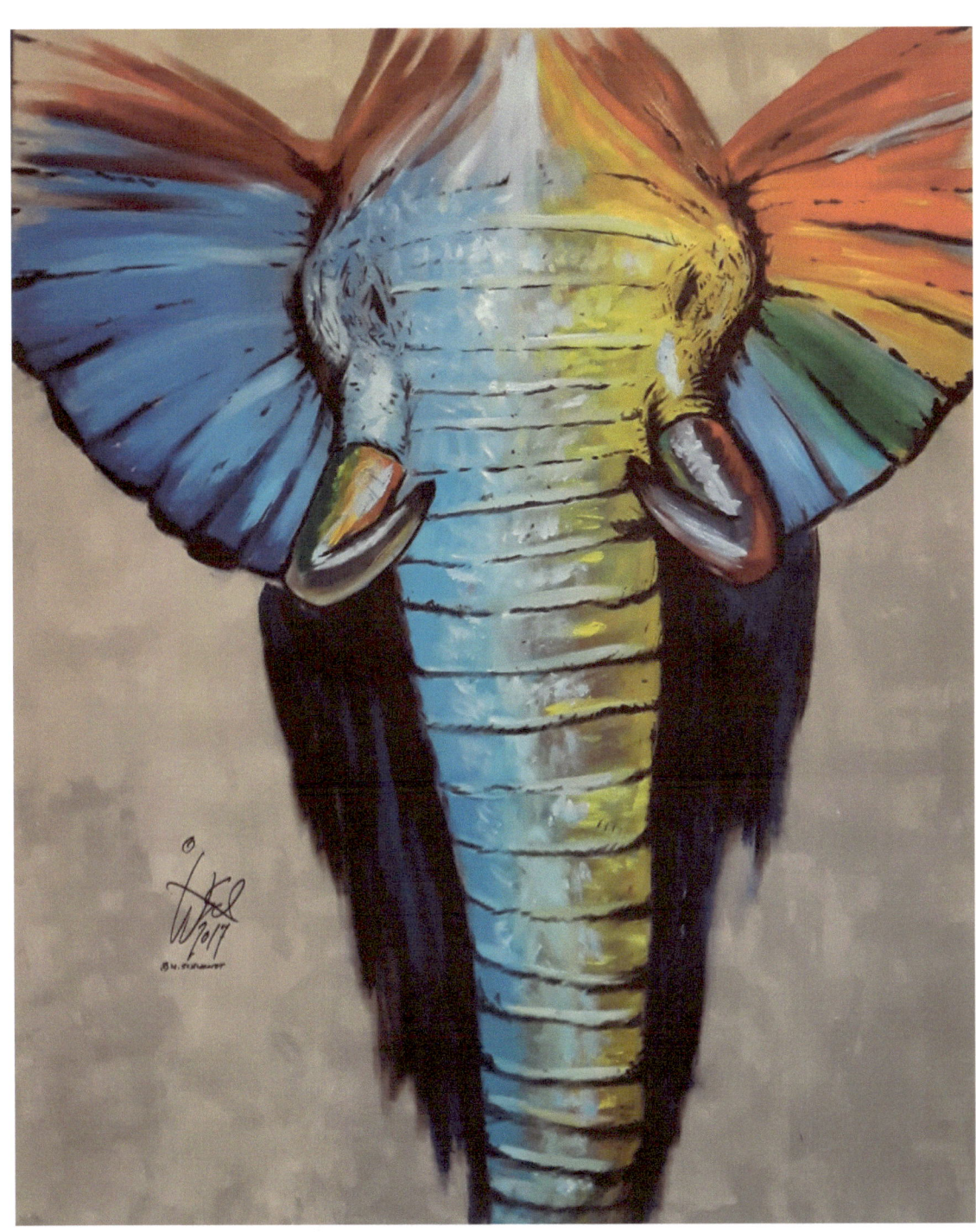

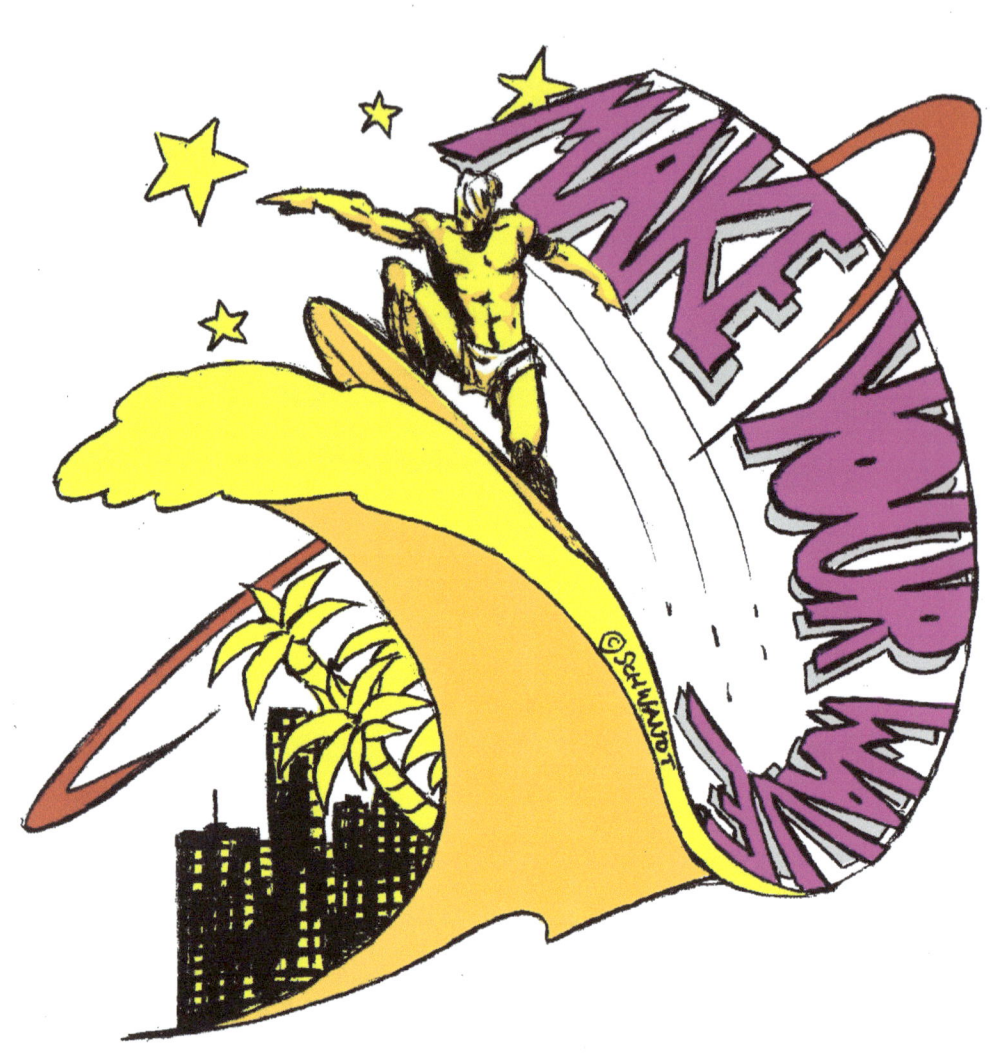

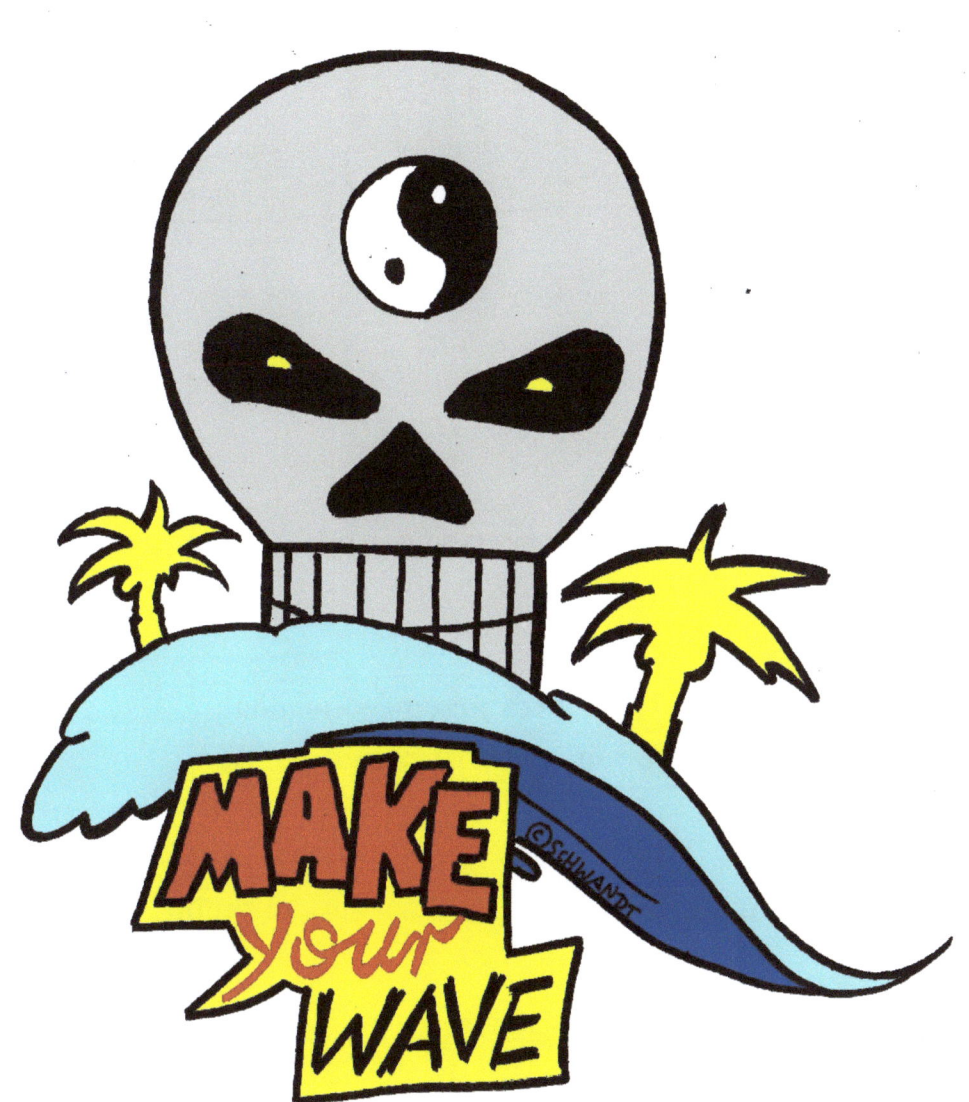

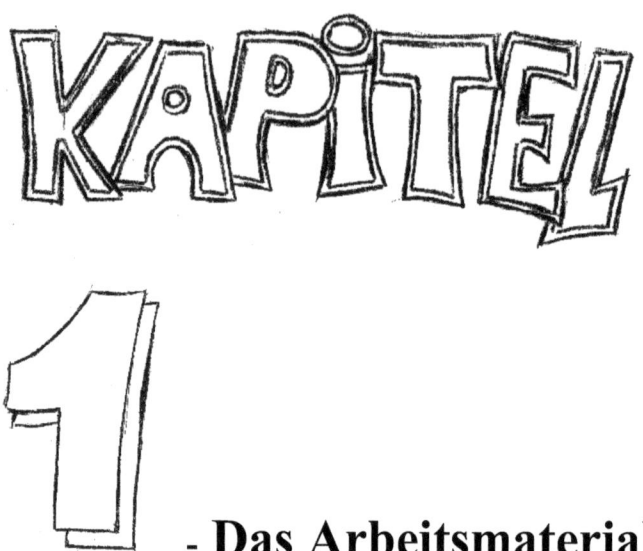

- Das Arbeitsmaterial

Im Grunde genommen braucht es für eine Zeichnung, z. B. im Comic-Bereich weder Strom noch Aufwand.

Um beispielsweise eine Comicseite zu entwerfen, benötigen Sie

⇨ Papier! A3 wäre empfehlenswert, da die gedruckten Ergebnisse immer kleiner sind, als das Original. Manche Verleger haben, bzw. stellen spezielles Zeichenpapier mit den passenden Maßen zur Verfügung. Herkömmliches weißes Papier kann hier aber auch gute Dienste leisten.

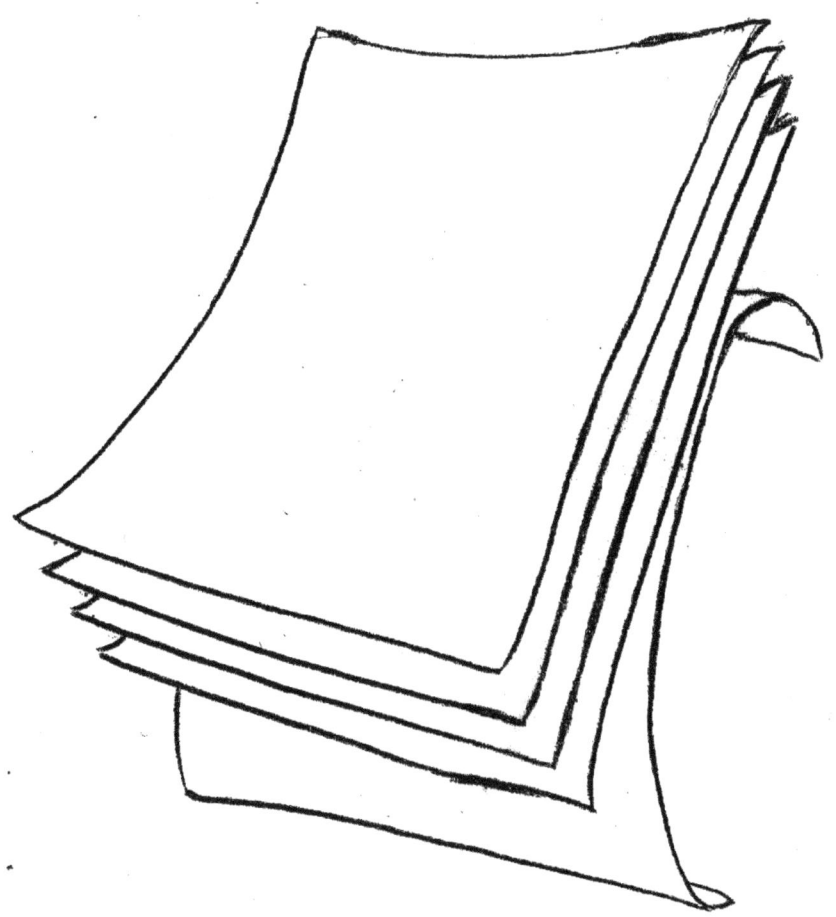

⇨ Bleistifte! Gute Ergebnisse lassen sich mit Bleistiften in den

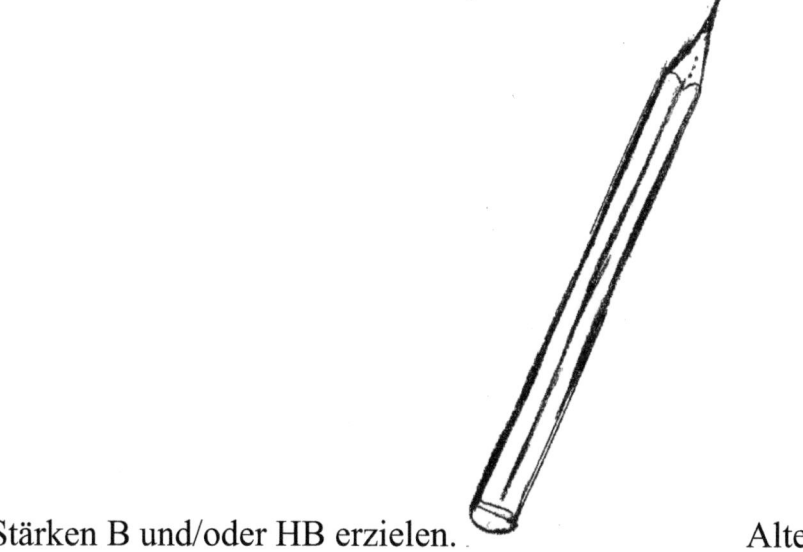

Stärken B und/oder HB erzielen.   Alternativ

sind auch Druckbleistifte, die mit Bleistiftminen befüllt werden, verwendbar.

⇨ Lineale und Formschablonen! In verschiedenen Längen und Formen.

Zeichendreieck, Lineal und Kurvensatz im Set

⇨ Klassischer Anspitzer und Radiergummi

⇨ Zeichenplatte mit dazu gehörigem Schienenlineal (siehe Foto).

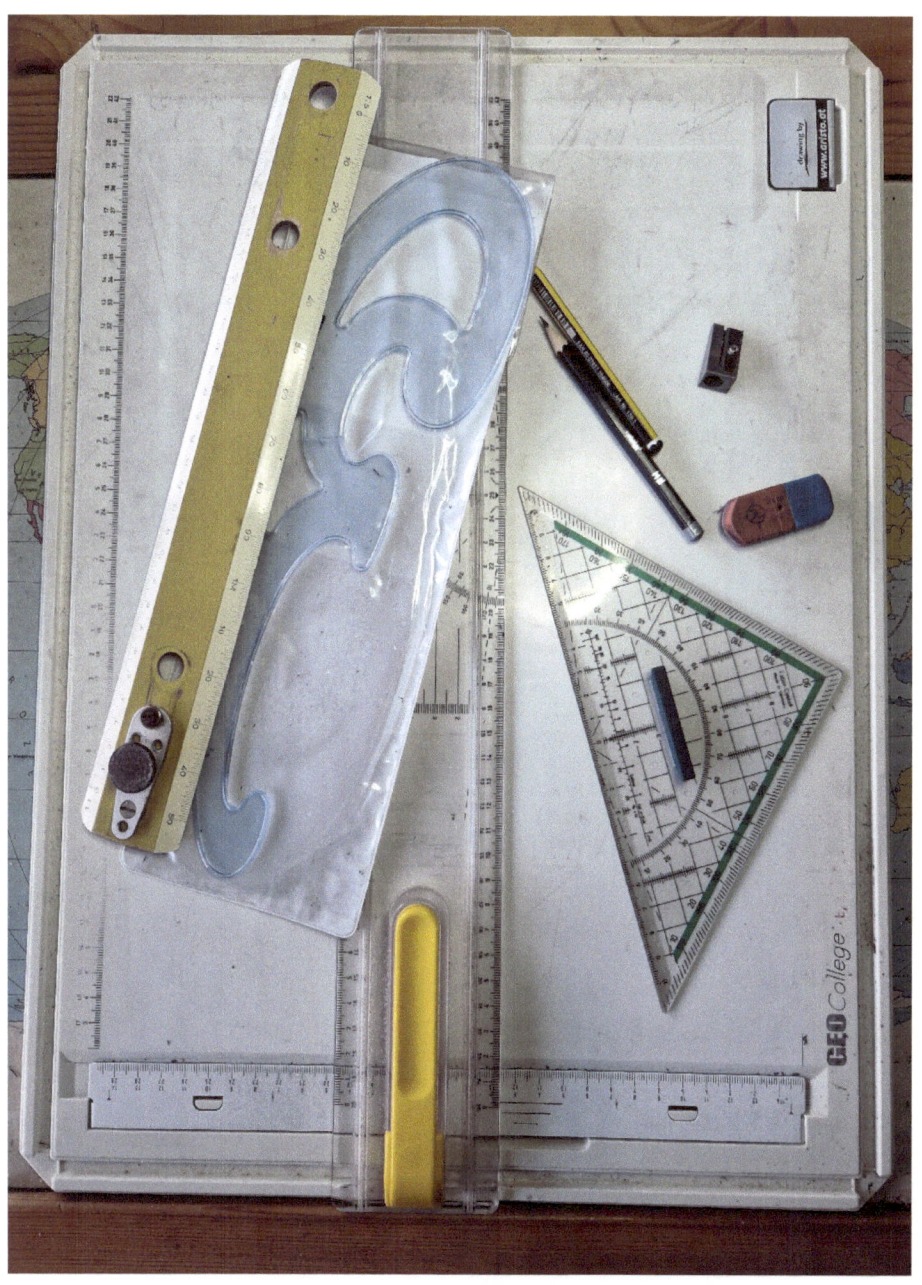

Wenn Sie mehr Geld auf der Bank haben können alle
Zeichnungen natürlich auch rein digital am Rechner vom
digitalen Pencil bis zur Farbe erstellt werden (dazu an
anderer Stelle und anderem Ort irgendwann mehr).

Vorweg aber, es gibt mehrere richtige Wege um später eine Veröffentlichung zu erarbeiten.

Hier beschreiben wir die klassischen Basics/Grundlagen.

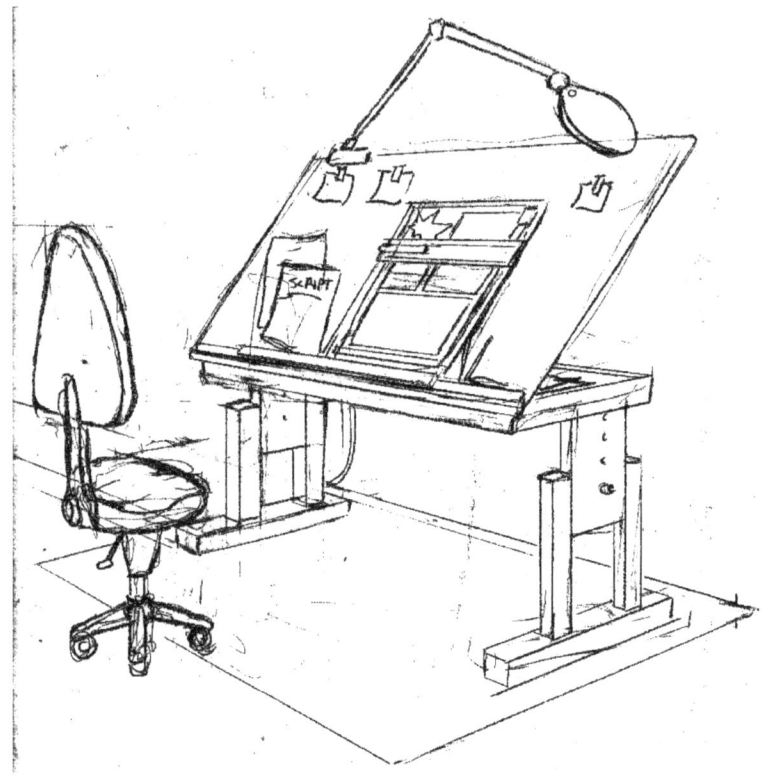

Ein klassischer Zeichentisch ist unabdingbar. Zum einen ist er, wie auch der Bürostuhl es sein sollte, höhenverstellbar. Zum zweiten ist die Tischplatte ebenfalls im Winkel verstellbar.

Beides Eigenschaften über die sich Ihr Rücken freuen wird.

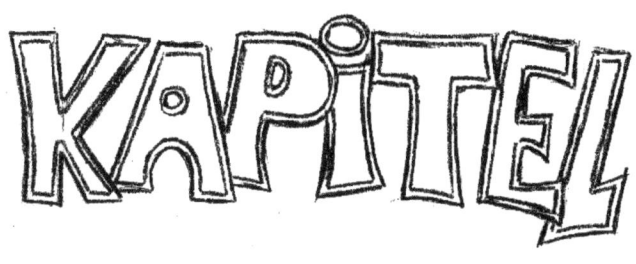

KAPITEL

2 - Von den Basics bis zu plastisch dargestellten Formen

Alle Dinge und Personen, die Sie näher betrachten, kann ein geübtes Auge – und das können Sie trainieren – in geometrische Formen unterteilen.

Egal, ob wir den menschlichen oder tierischen Körper betrachten. Egal, ob Sie sich einen Holzstuhl, ein TV-Gerät, ein Tablett oder Notebook, Birne, Apfel, Fußball, oder eine Lampe ansehen.

Immer können Sie alles in Kreis-, beziehungsweise Ballformen, in Würfel- oder Zylinderformen sehen.

Manchmal erkennt man es nicht sofort, weil die Formen modelliert sind, z. B. Bauteile an einem Raumschiff.

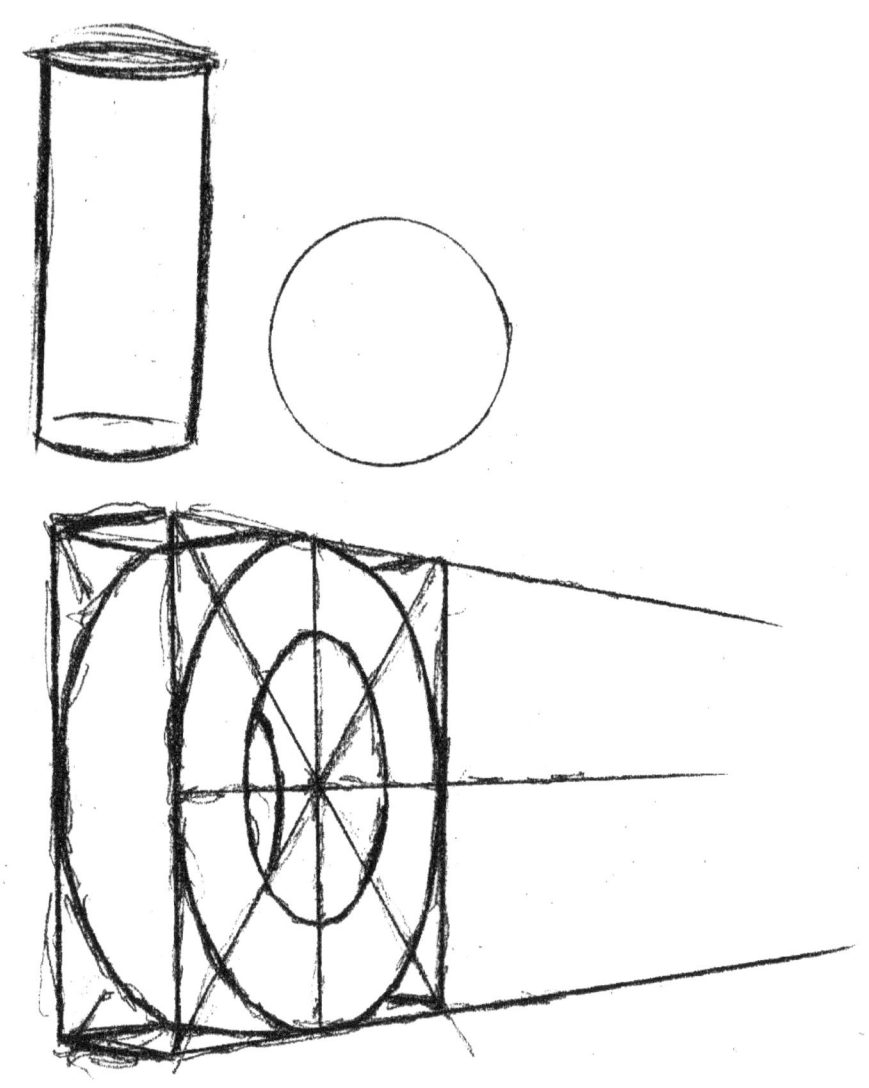

Hier mal ein paar angewendete Beispiele. Oben sehen wir den runden Zylinder und den Kreis als Grundform. In der dritten Abbildung demonstriere ich wie Kreise perspektivisch an Hilfslinien ausgerichtet werden, um plastisch zu wirken. Die folgenden Skizzen zeigen wie diese Grundformen in alltäglichen Dingen und Gegenständen zu entdecken sind.

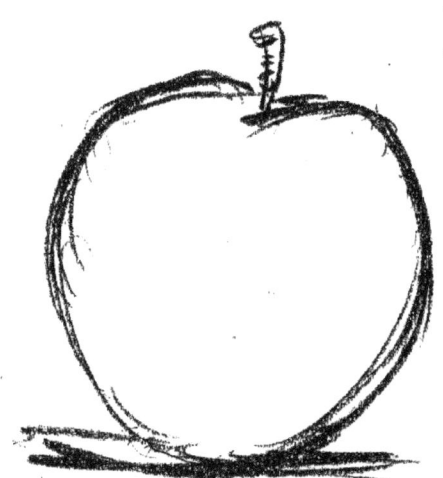

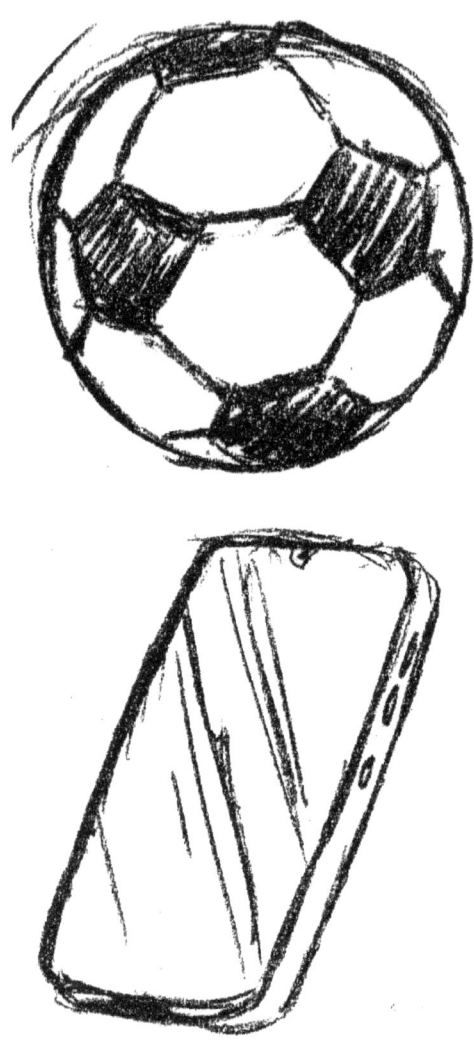

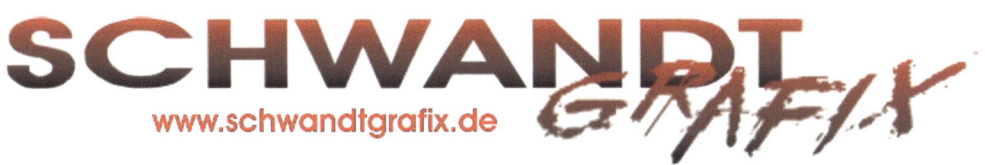

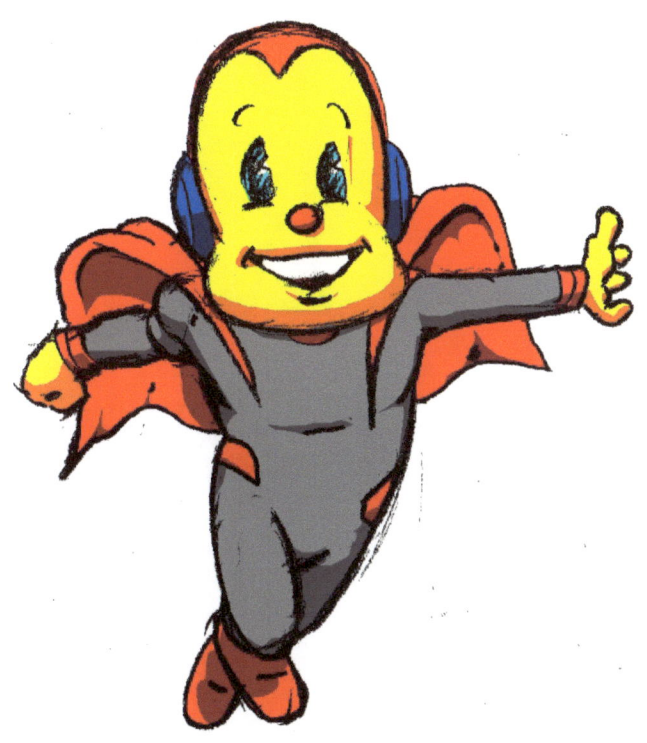

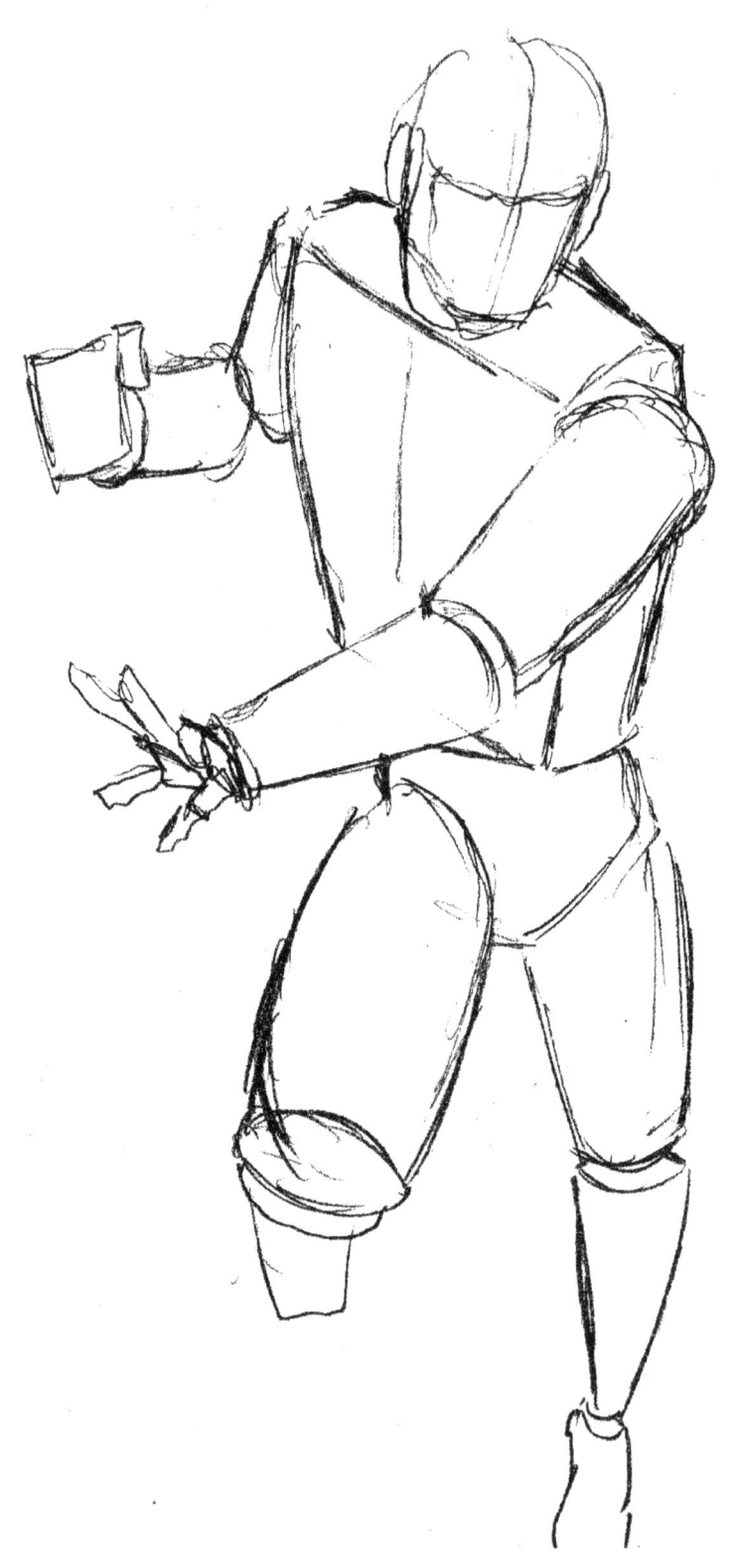

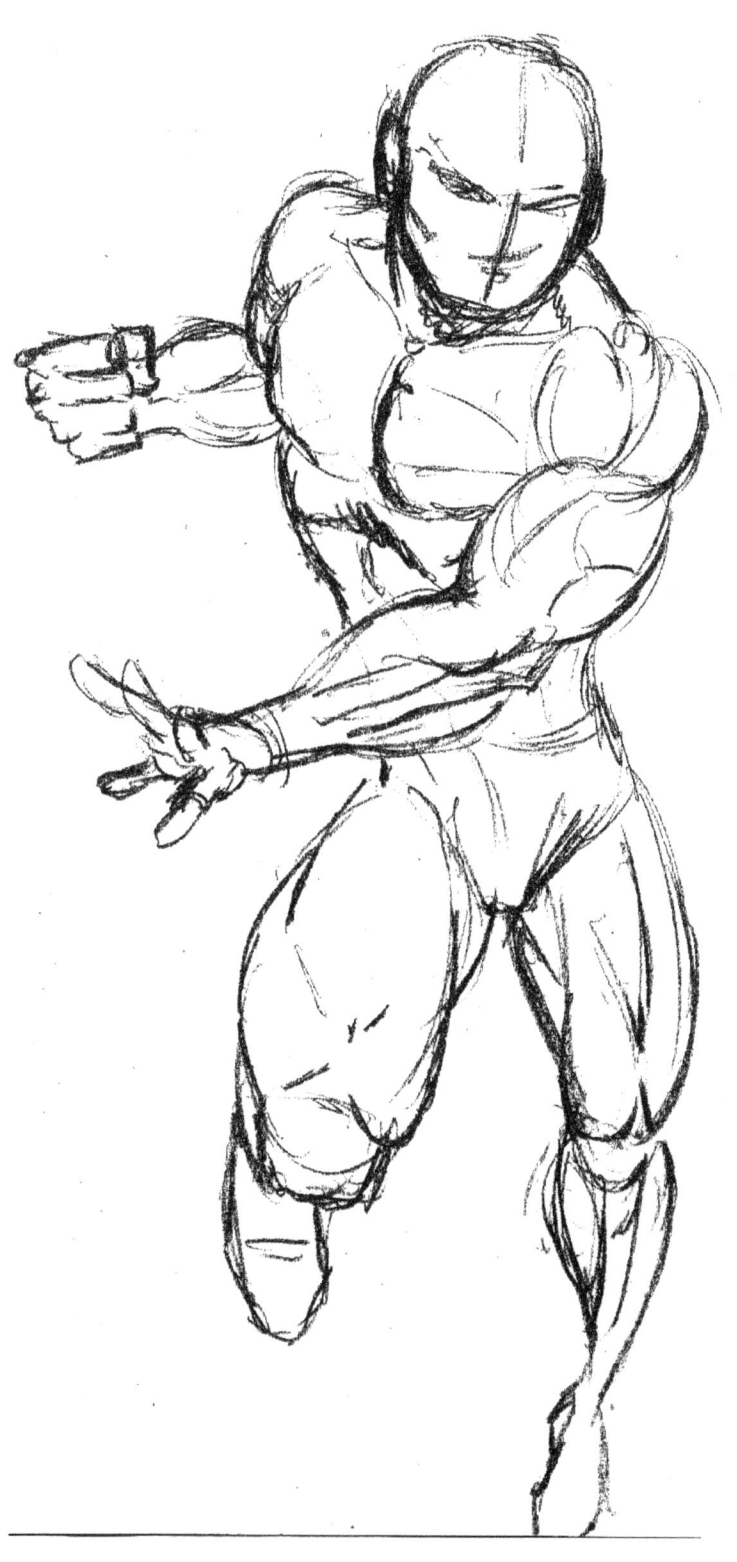

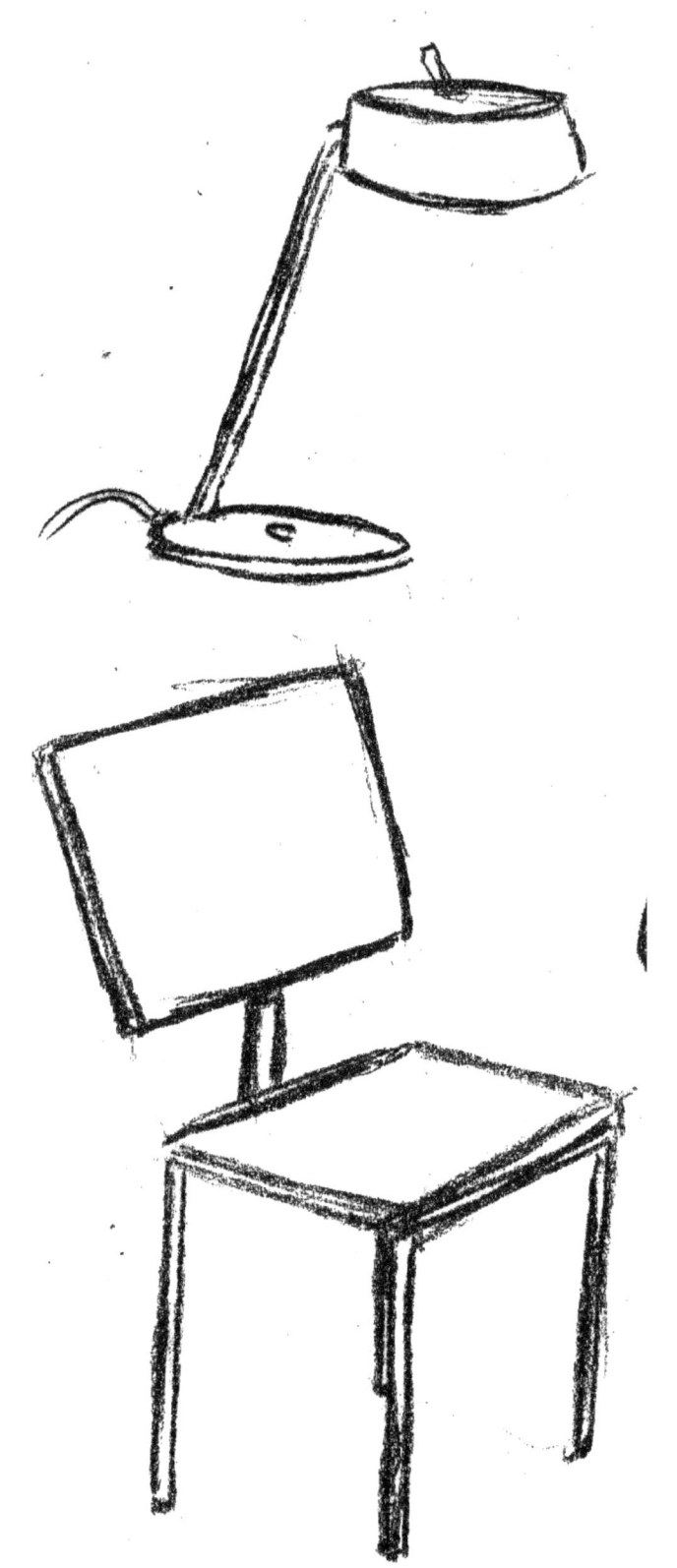

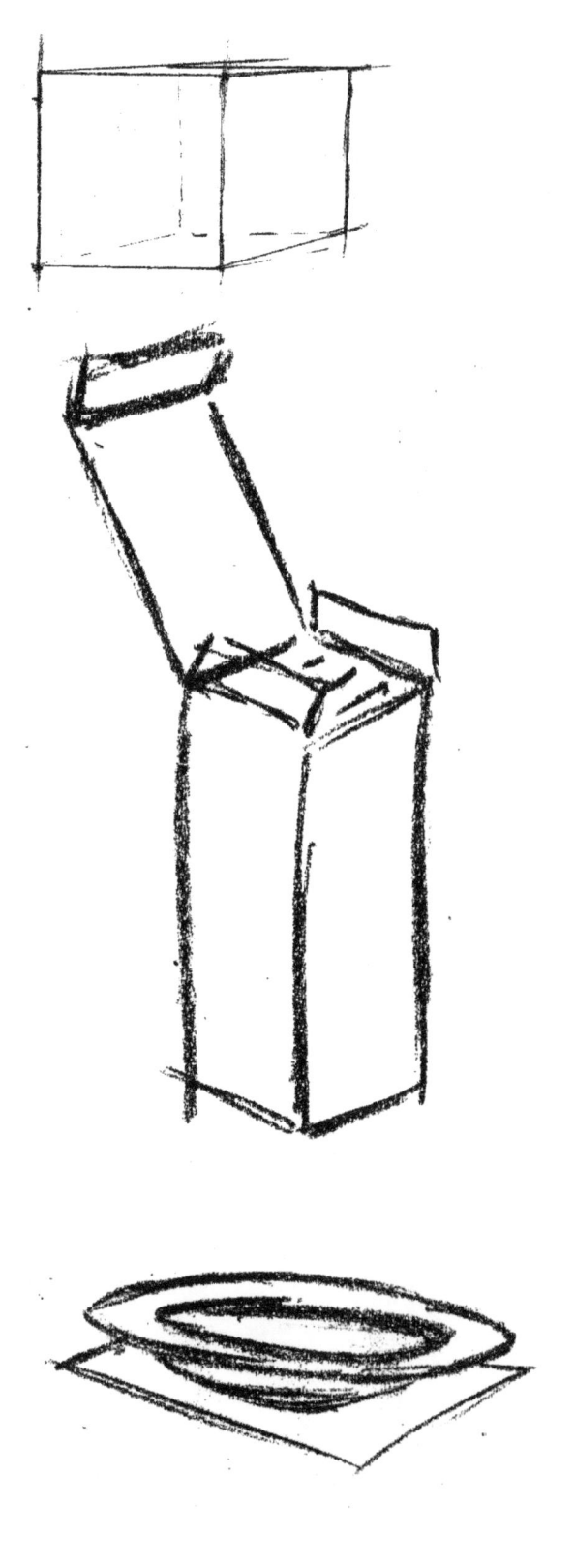

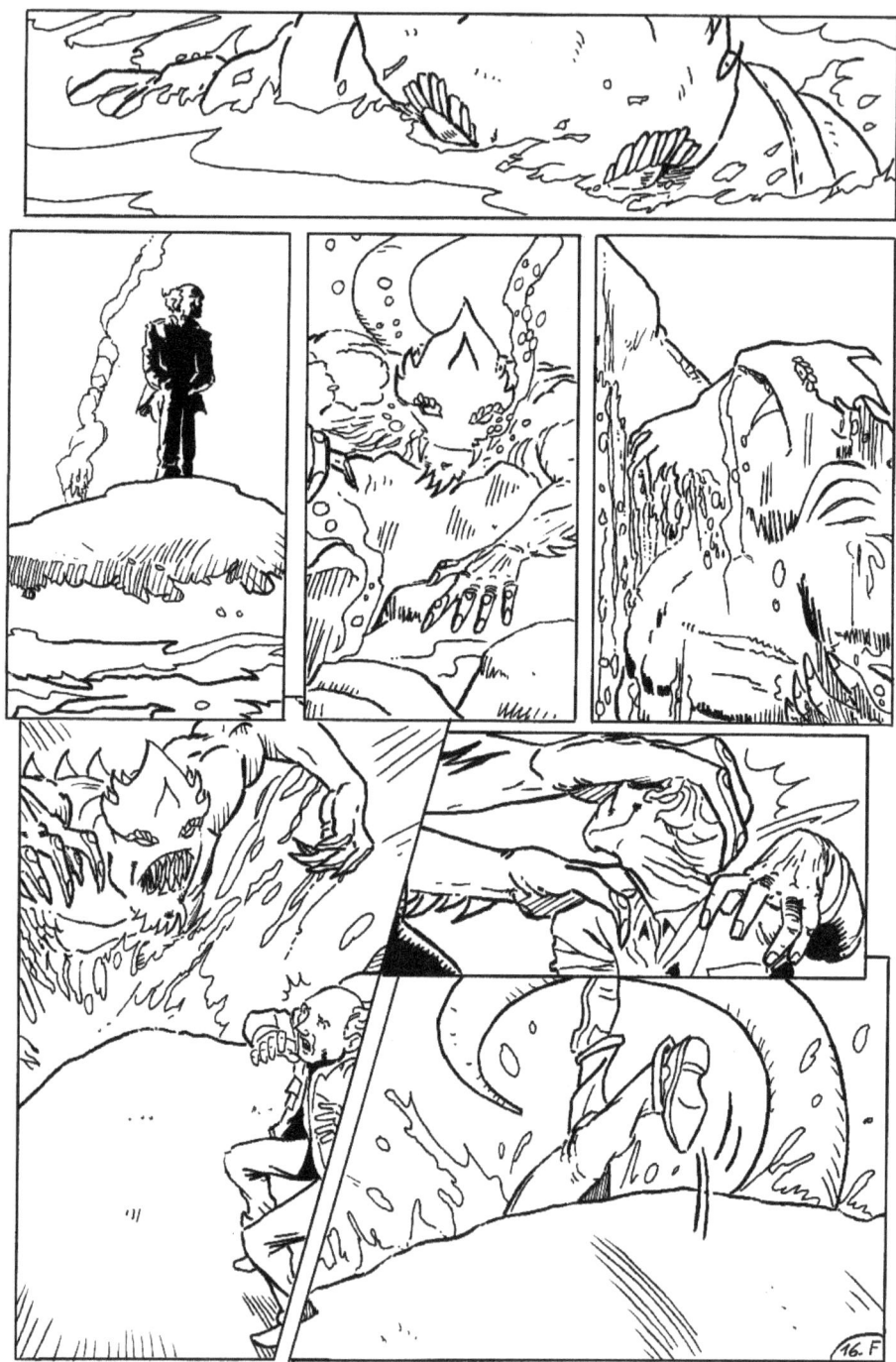

16. F

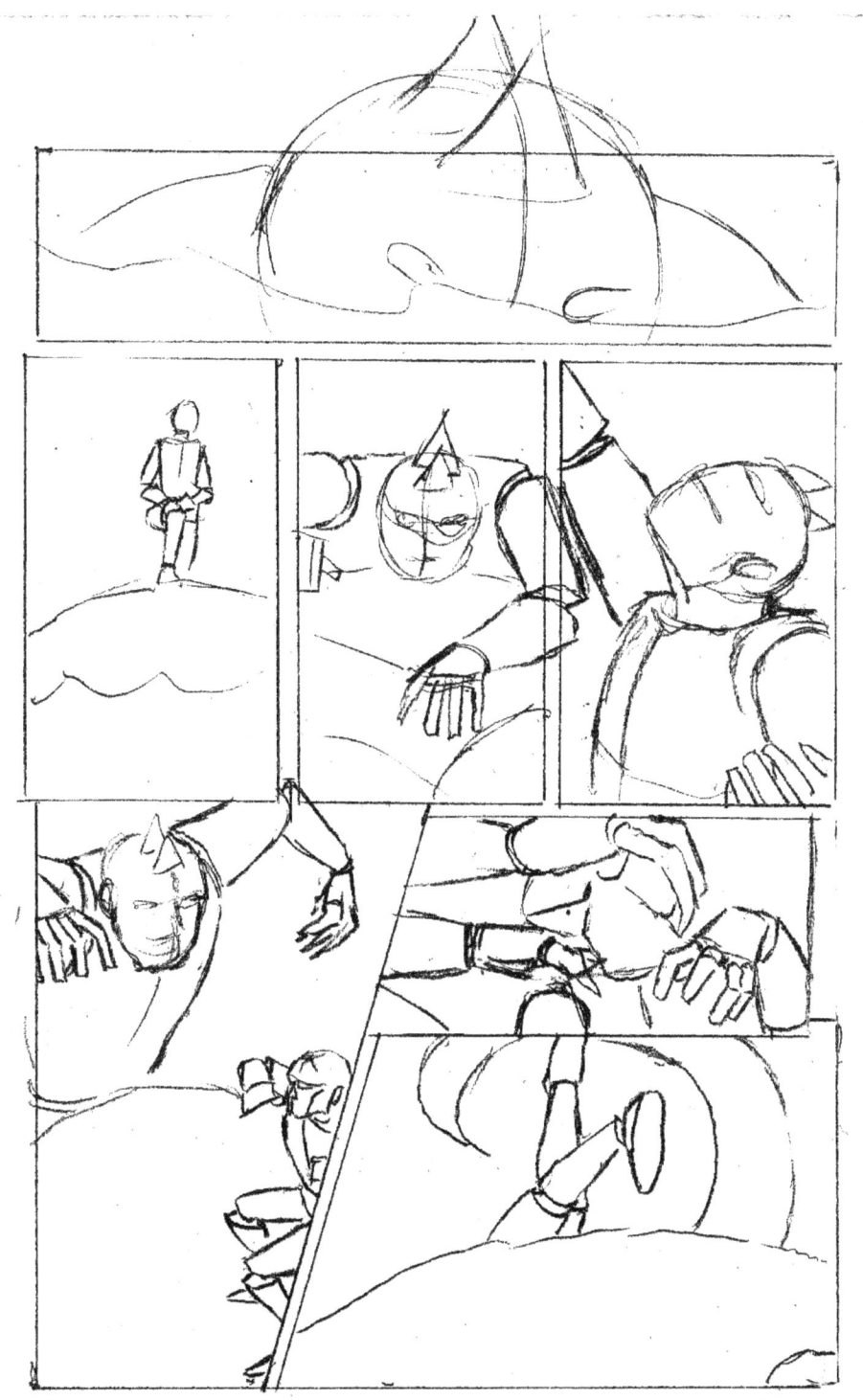

Diese Seite aus WHITE RIVER MONSTER 6 ist für Sie
mal als Schema der Formen dargestellt.

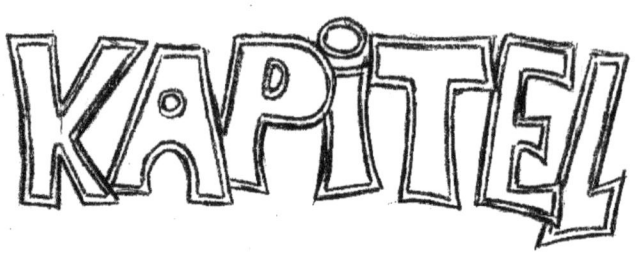

KAPITEL

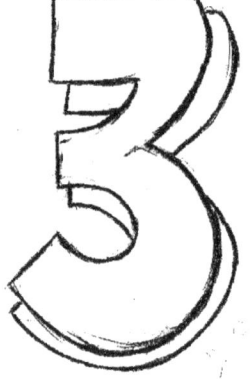

- Die zwingende Macht der Perspektive

Die Macht der Perspektive ist wie Mathematik. Sie zwingt die Dinge mit all den Details in ein unumstößliches Muster.

Nur in der naiven und abstrakten Darstellung/Malerei werden, bzw. dürfen/sollen diese zwingenden Gesetze außer Kraft gesetzt werden. Diese Gesetze richten sich nach so genannten Fluchtpunkten.

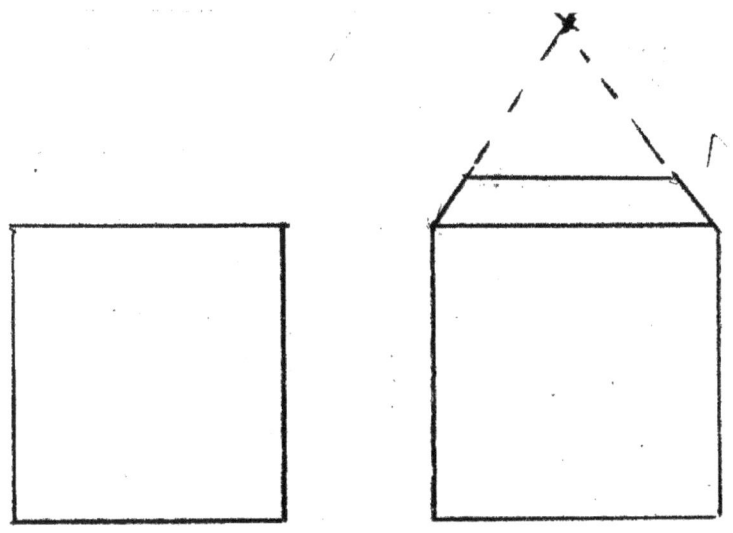

Wenn Sie sich einen Würfel vorstellen, der von vorn betrachtet wird, wirkt er zweidimensional.

Wird jetzt dieser Würfel nach vorn gekippt, bemerken Sie, dass die Außenlinien oben, aufeinander zulaufen. Würden Sie diese Linien weiter führen, würden die Striche zusammen prallen.

Hier spricht man von einer einfachen Perspektive mit einem einzigen Fluchtpunkt.

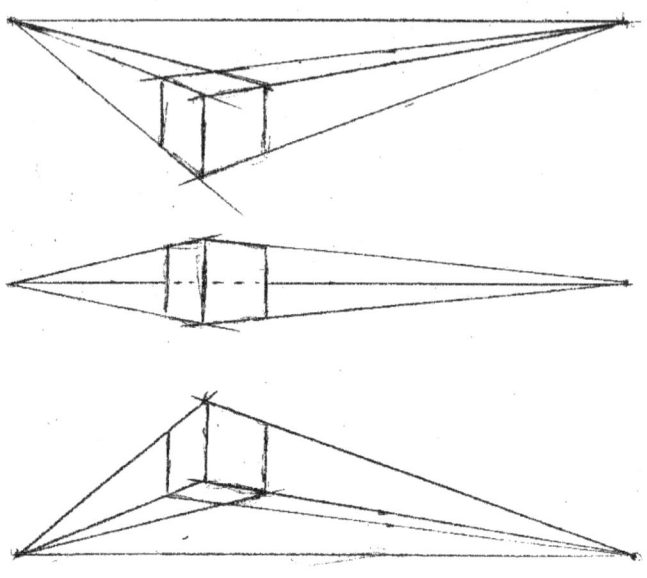

Nun wagen wir uns an eine Perspektive mit zwei Fluchtpunkten.

Sie zeichnen dazu zuerst eine Horizontallinie. Von den jeweiligen Endpunkten ziehen Sie drei Linien je links und von rechts nach vorn. Sie sehen, da wo die Linien sich überkreuzen, wird der Würfel sichtbar.

Diese Zwei-Punkte-Perspektive variieren wir jetzt mal nach oben und nach unten.

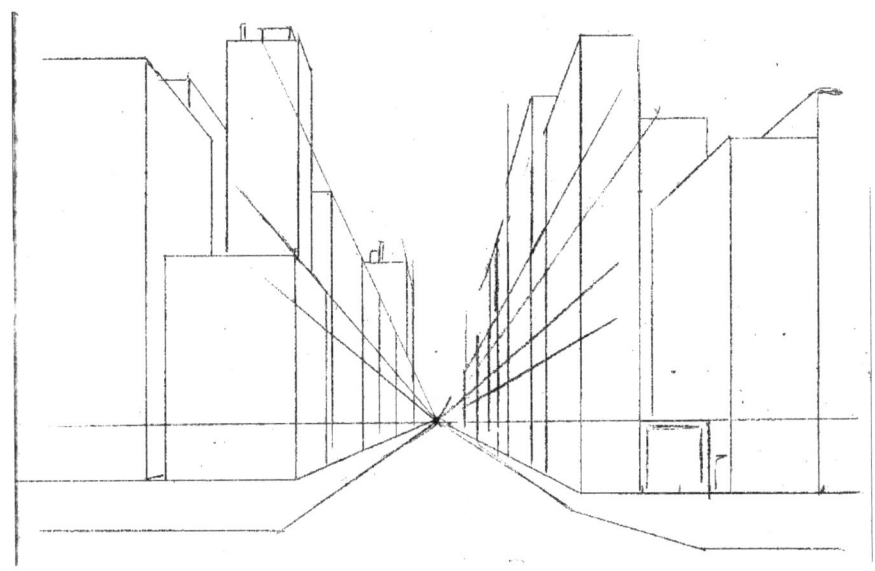

Hier versuche ich mal die Gesetze der Perspektive auf
einen Straßenzug/Straßenverlauf anzuwenden.

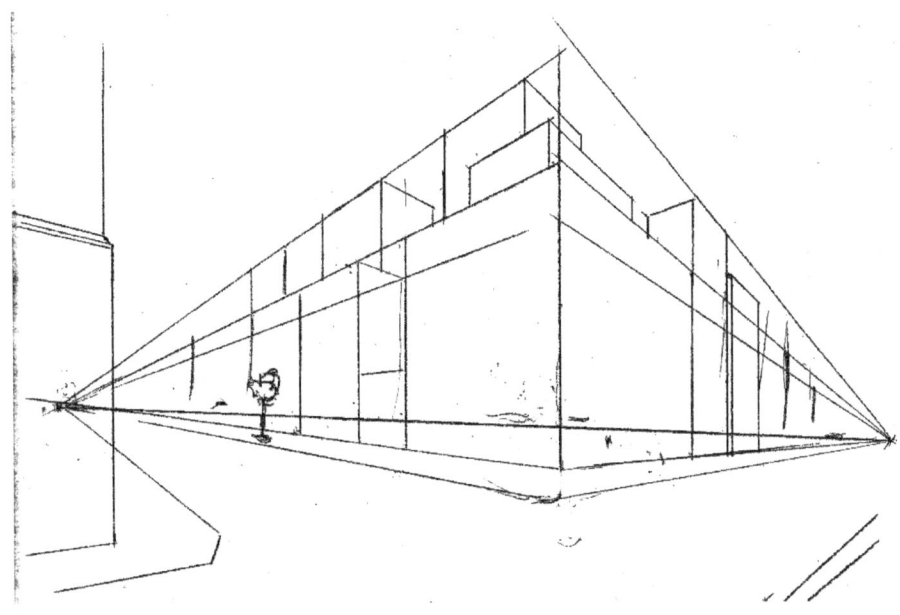

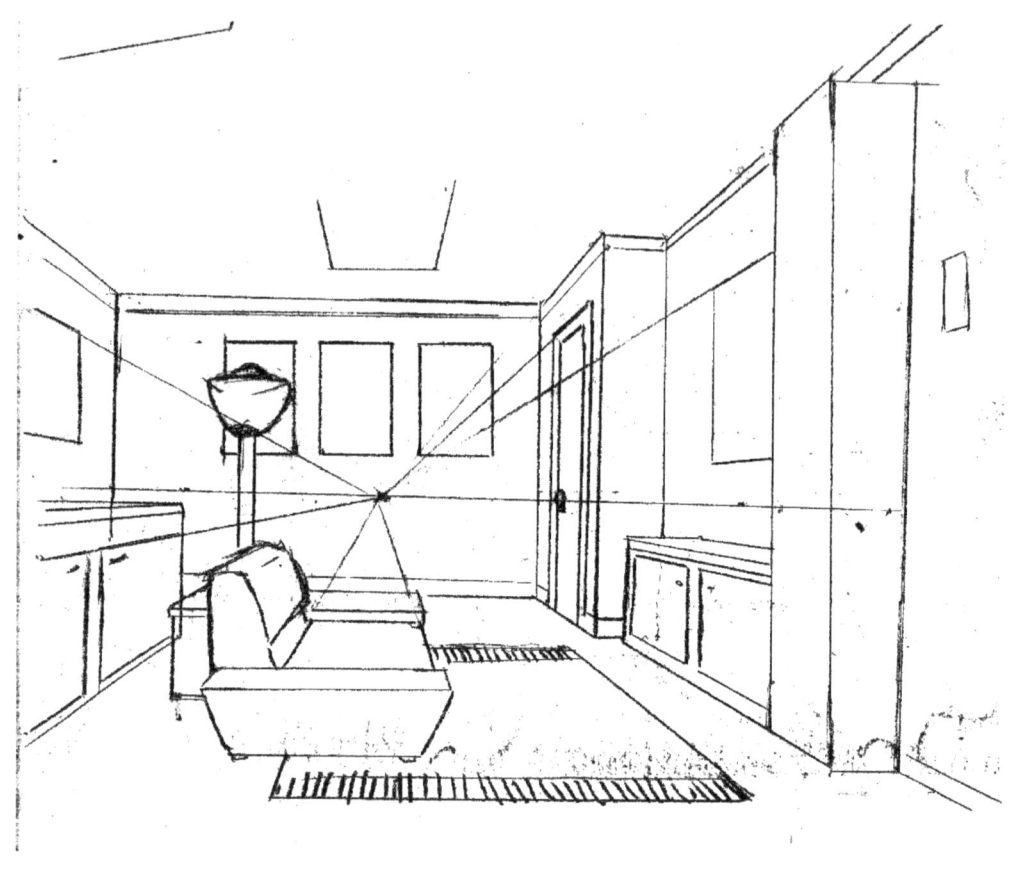

Bei Innenräumen sieht es ganz ähnlich aus. In der ersten
Skizze ist alles geordnet und nach dem Fluchtpunkt
ausgerichtet.

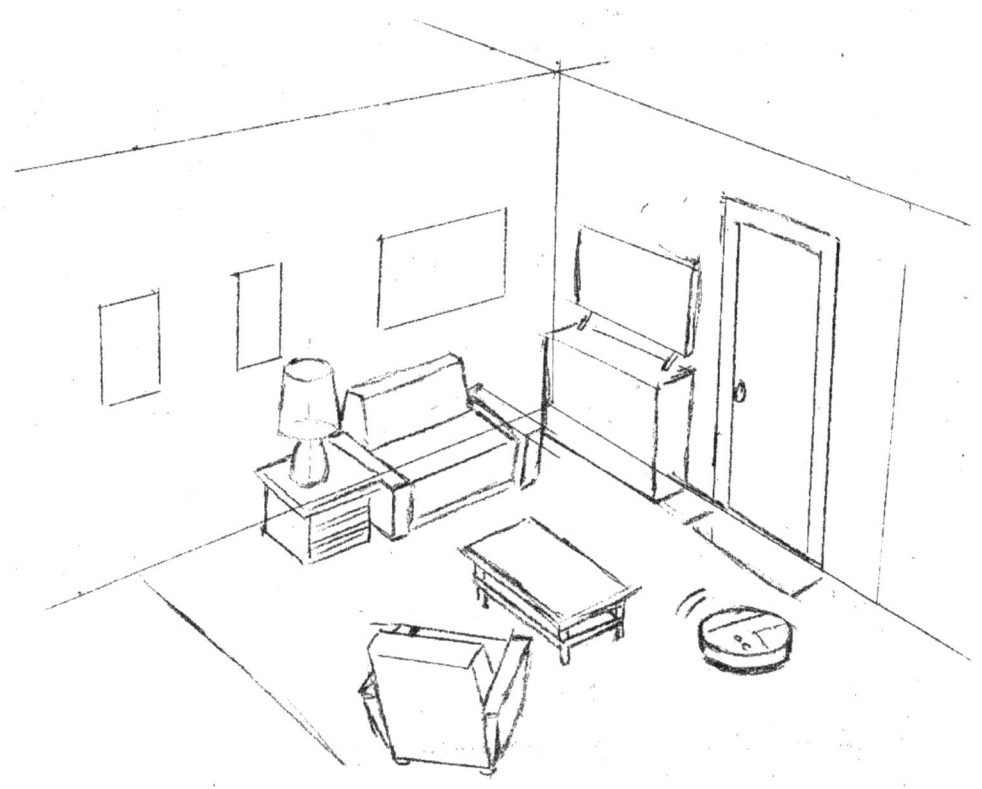

Beim zweiten Bild habe ich aus der „starren" Ausrichtung
einen Gegenstand verschoben. Es ist realistischer.

Aber aufpassen, dieses Objekt auch nach passenden
Fluchtpunkten zielen lassen.

Am gleichen Horizont können also viele Fluchtpunkte
gesetzt, und somit viele Details im Bild lebendig
verschoben werden…

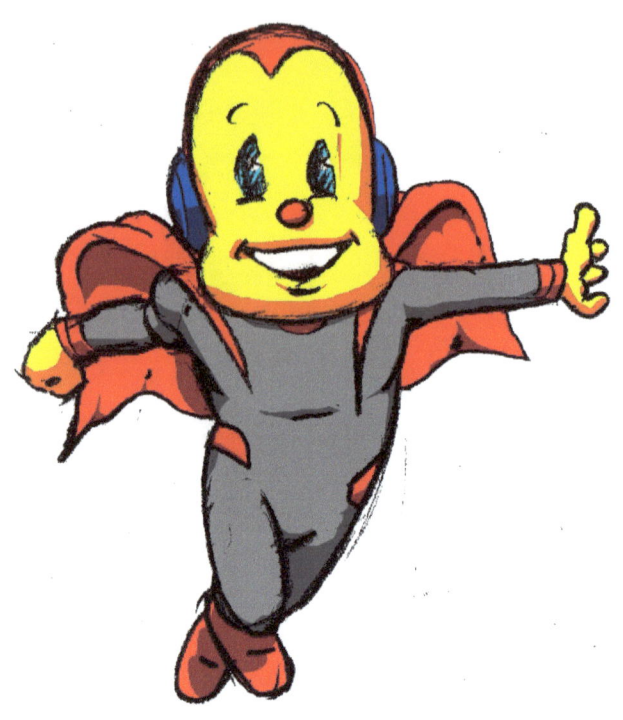

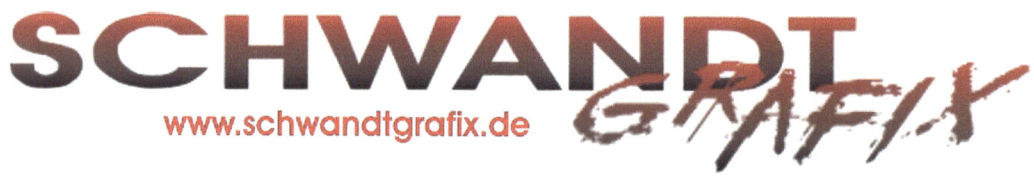

www.schwandtgrafix.de

Bei den beiden folgenden Zeichnung aus der Serie ICE CANYON
MONSTER Nr. 4 handelt es sich um eine Drei-Punkt-Perspektive
mit Fluchtpunkten nach oben, nach hinten links und nach rechts,
bzw. rechts, links, unten.

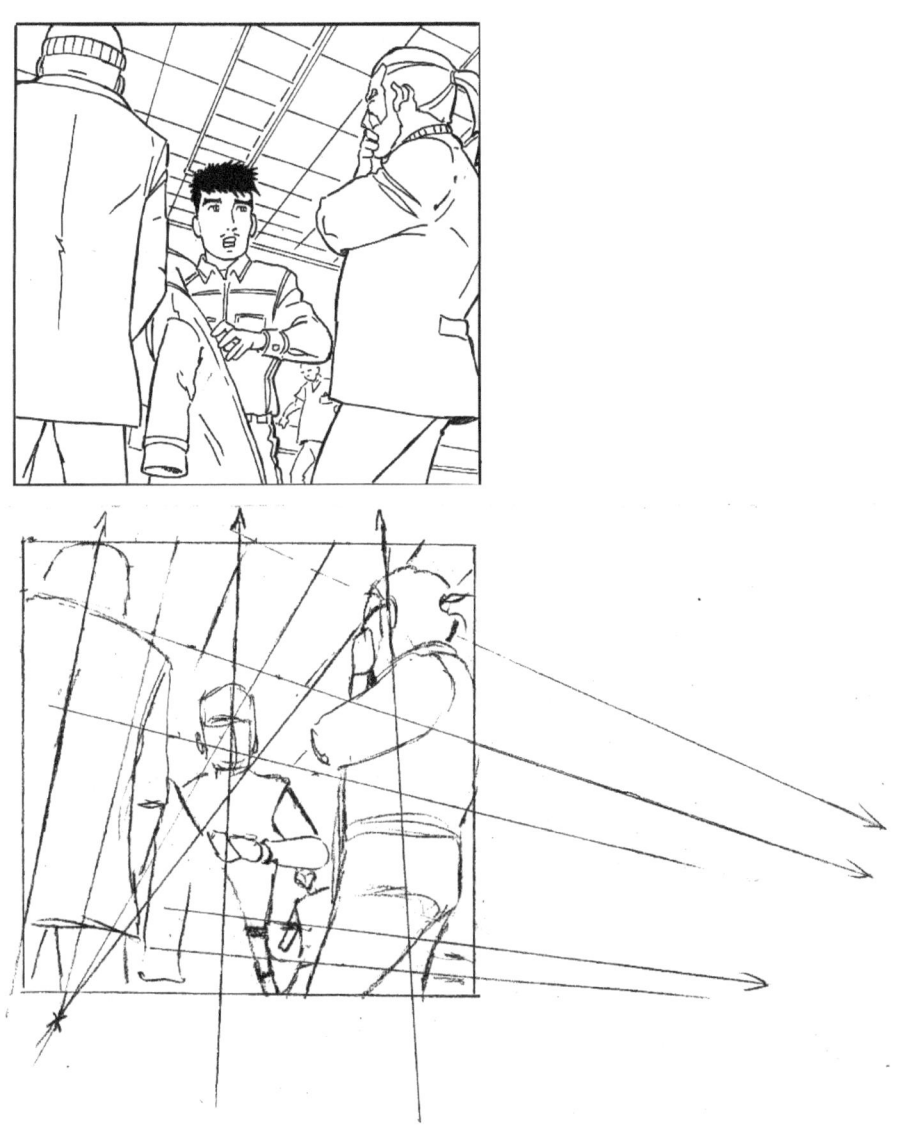

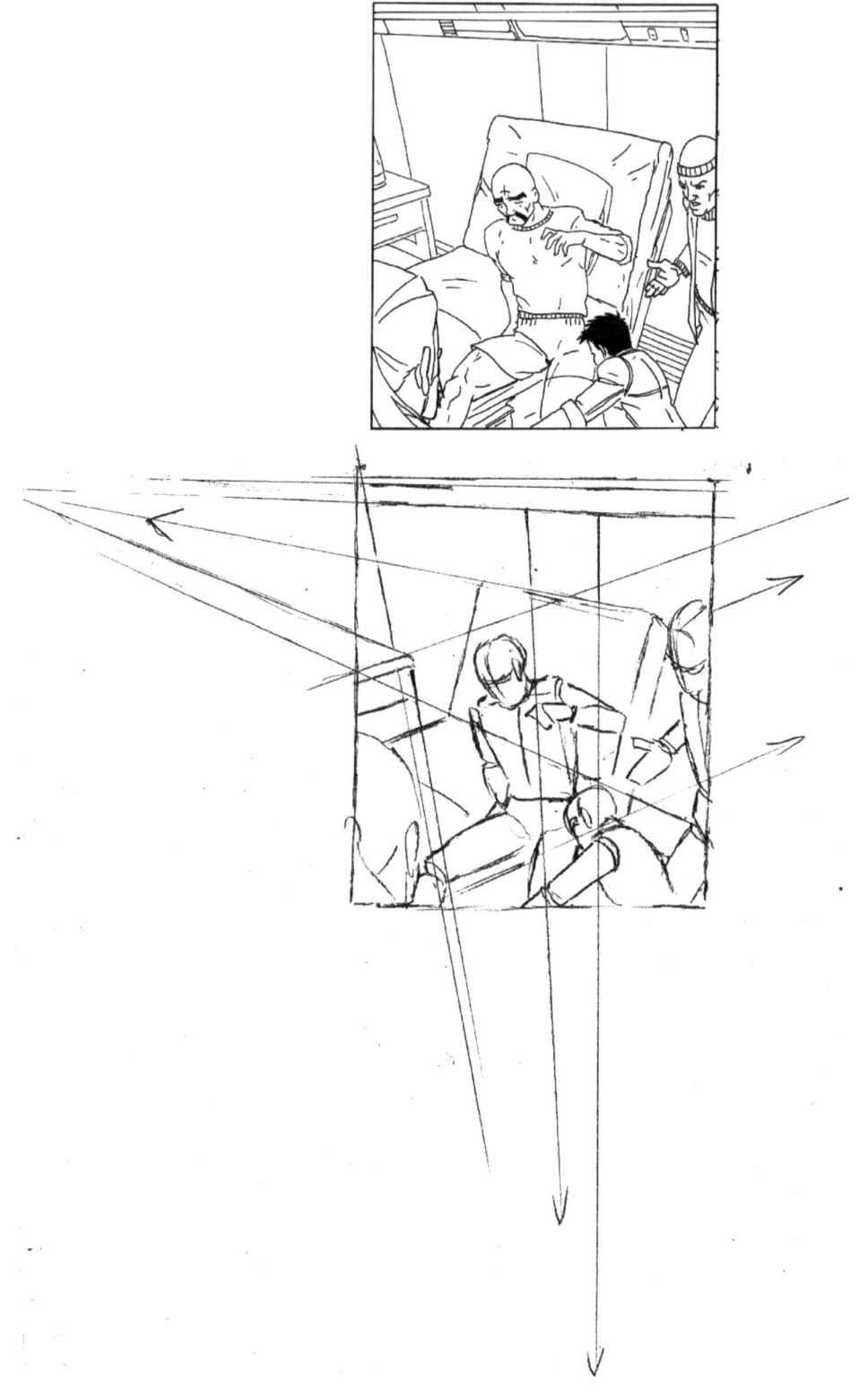

Das gleiche Spiel bei den beiden weiteren Zeichnungen aus
USHER OF THE DEAD und GIANT LEAP. Hier hab ich
Ihnen die Fluchtpunkte einmal deutlich zusammen geführt.

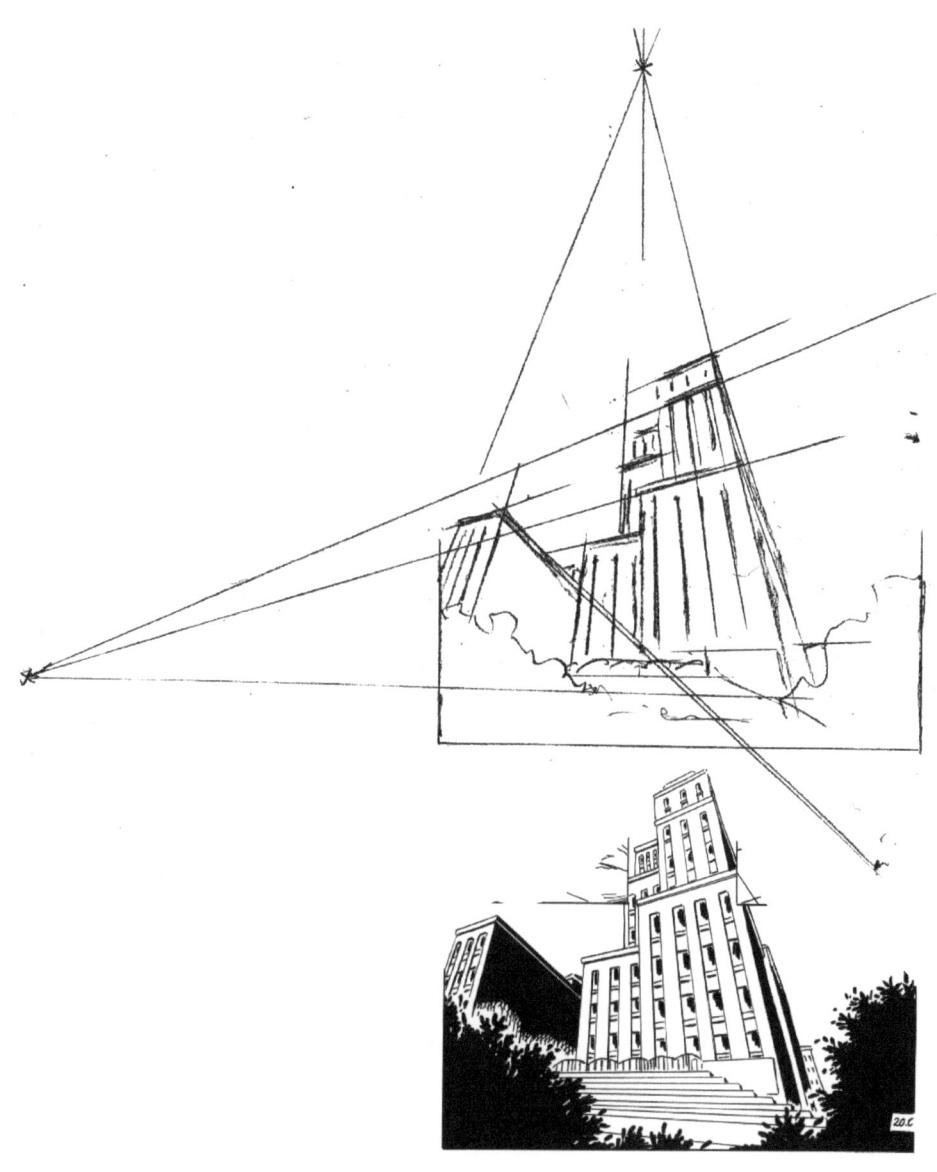

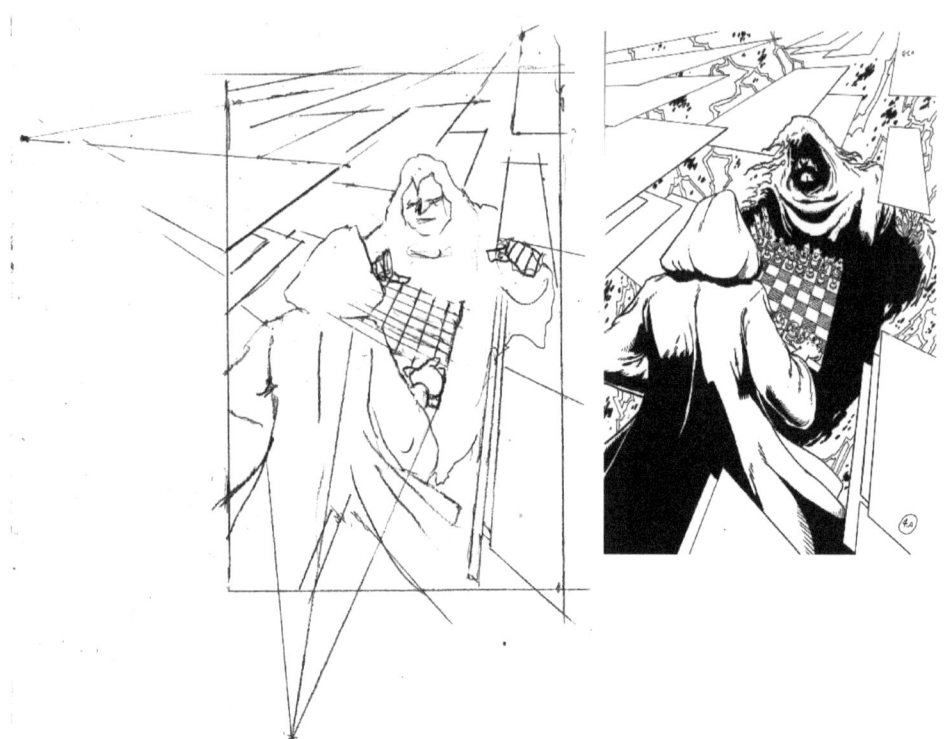

Die Wirkung der angewandten Perspektive ist erstaunlich.
Wie erwähnt, richtet sie das Bild in seiner perspektivischen
Logik aus. Der Zeichner kann durch die Bestimmung von
Fluchtpunkten auch die Dramatik einer Szene beeinflussen.

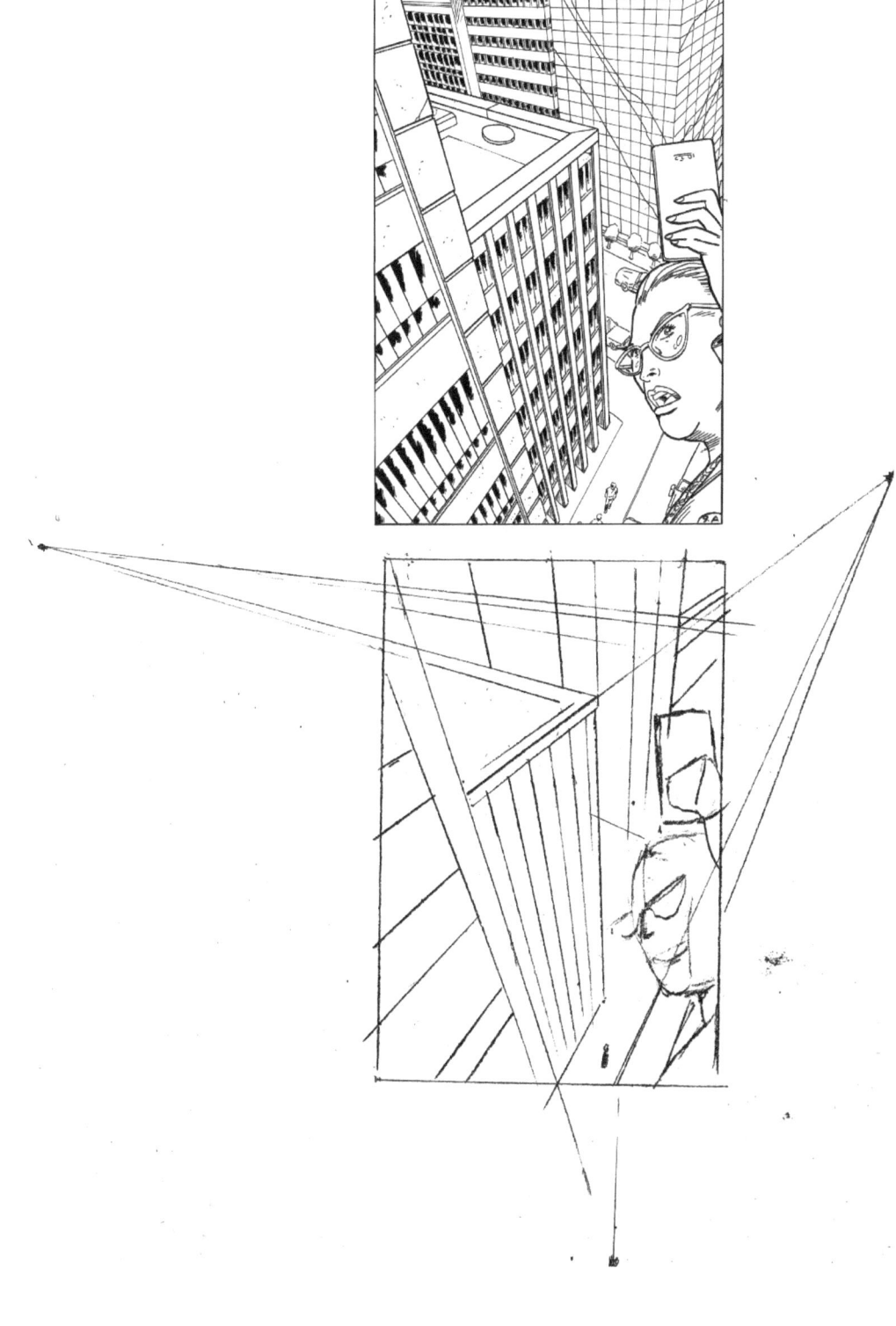

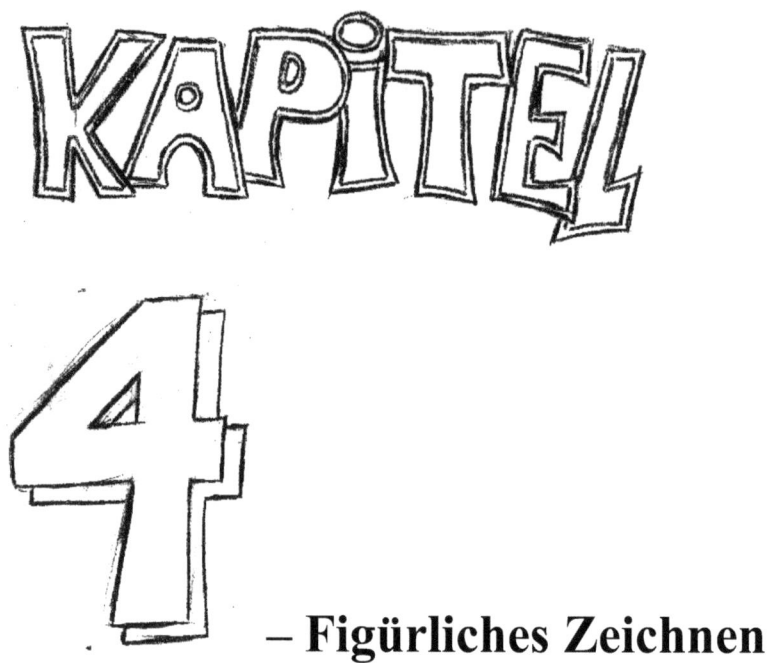

– Figürliches Zeichnen

Bei dem figürlichem Zeichnen geht es für mich immer um Ästhetik und interessantem Blickwinkel.

Dabei versuche ich kraftvolle Posen nicht übertrieben in die Bildfolge einer Comic-Story einfließen zu lassen. Hier einmal drei aufeinanderfolgende Seiten aus USHER OF THE DEAD, die figürliches Zeichnen und Storytelling geschickt kombinieren.

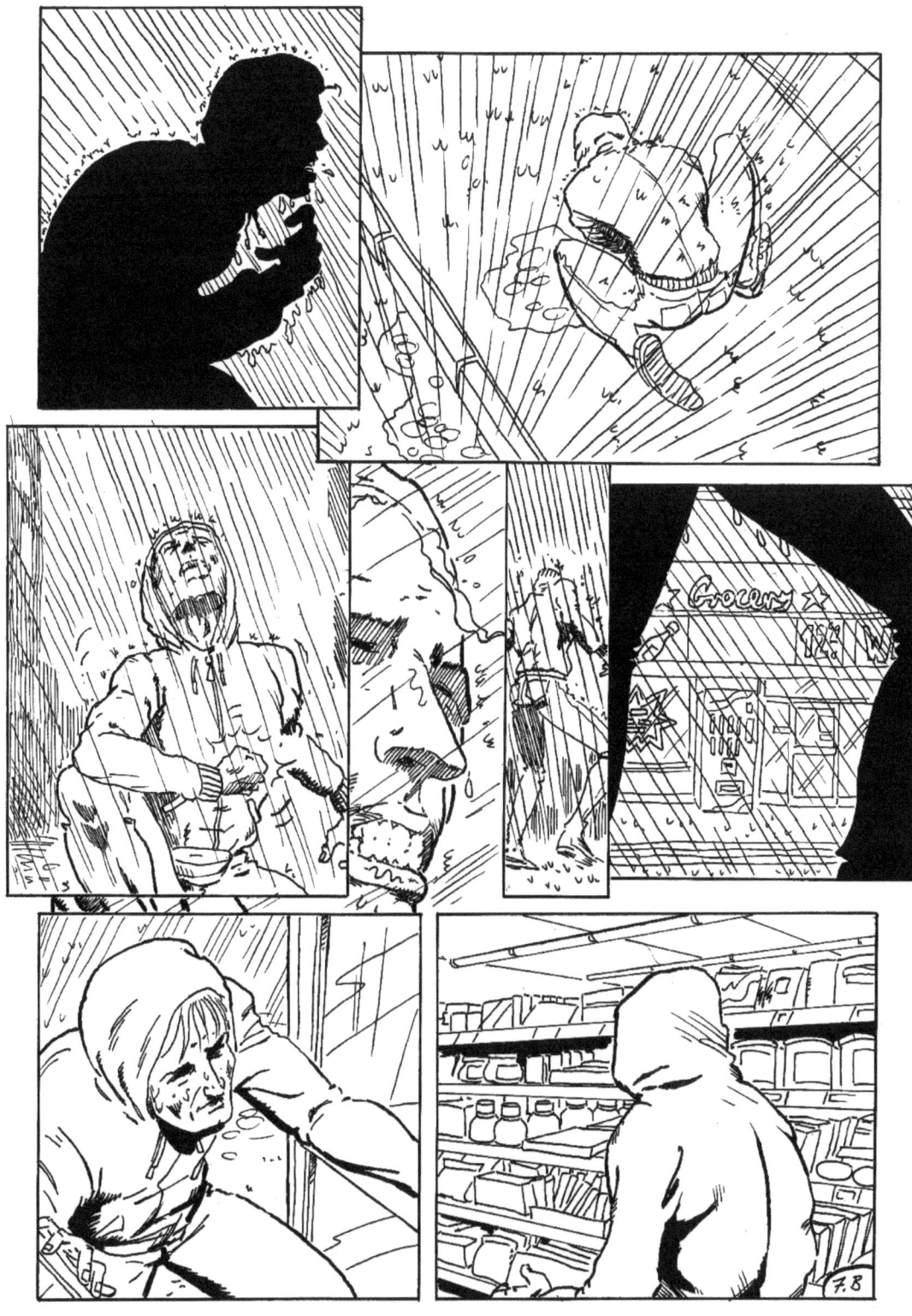

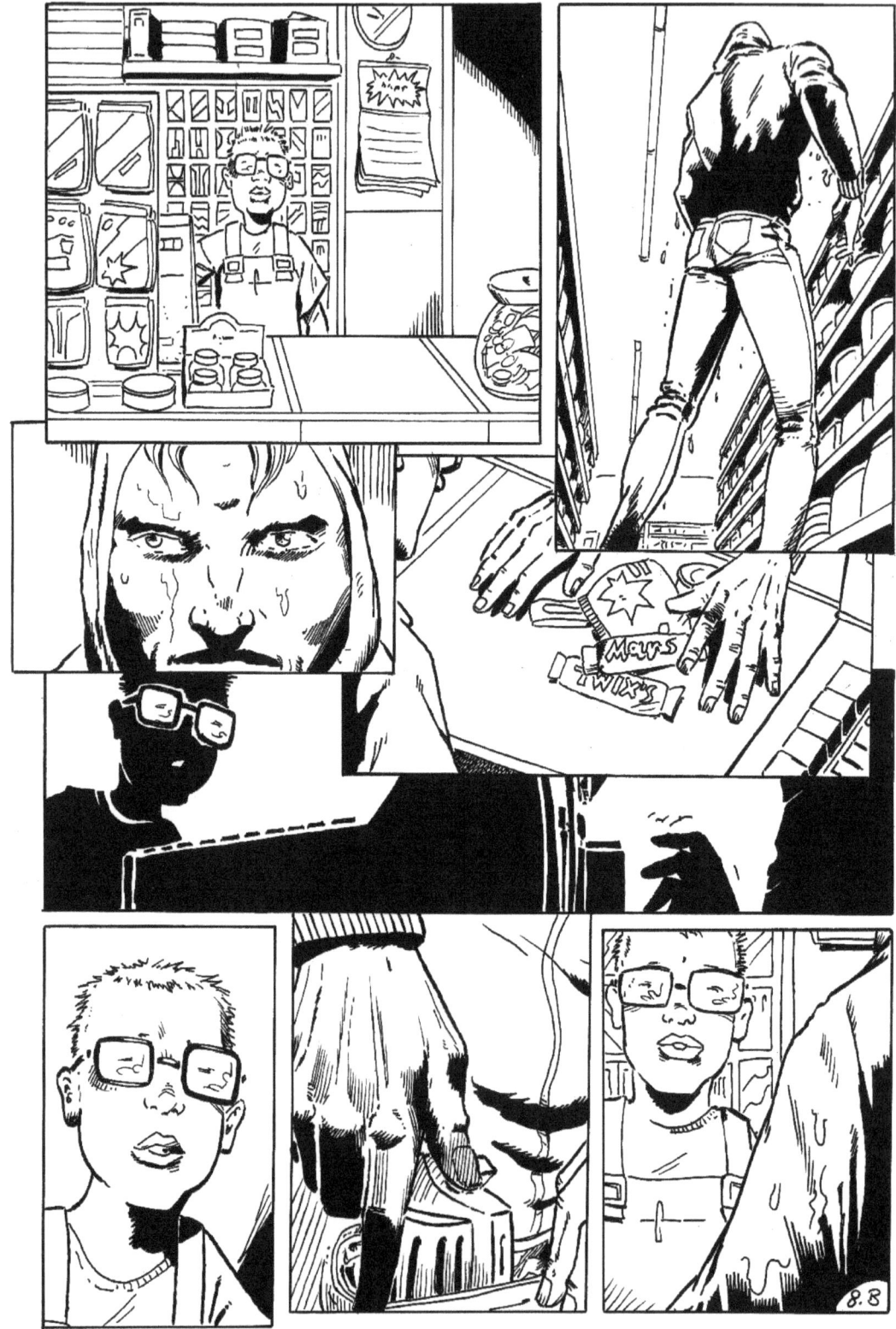

8.8

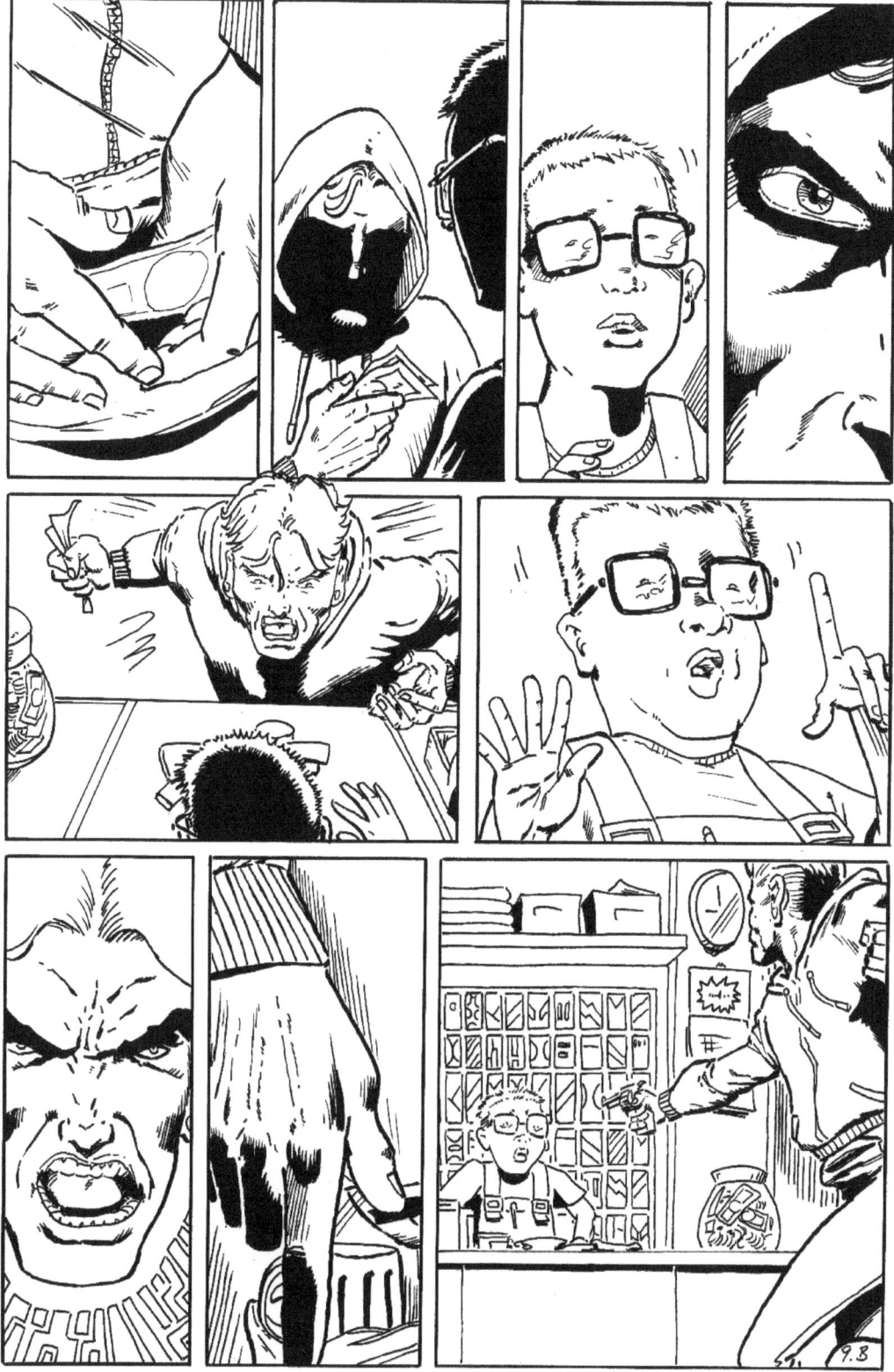

9.8

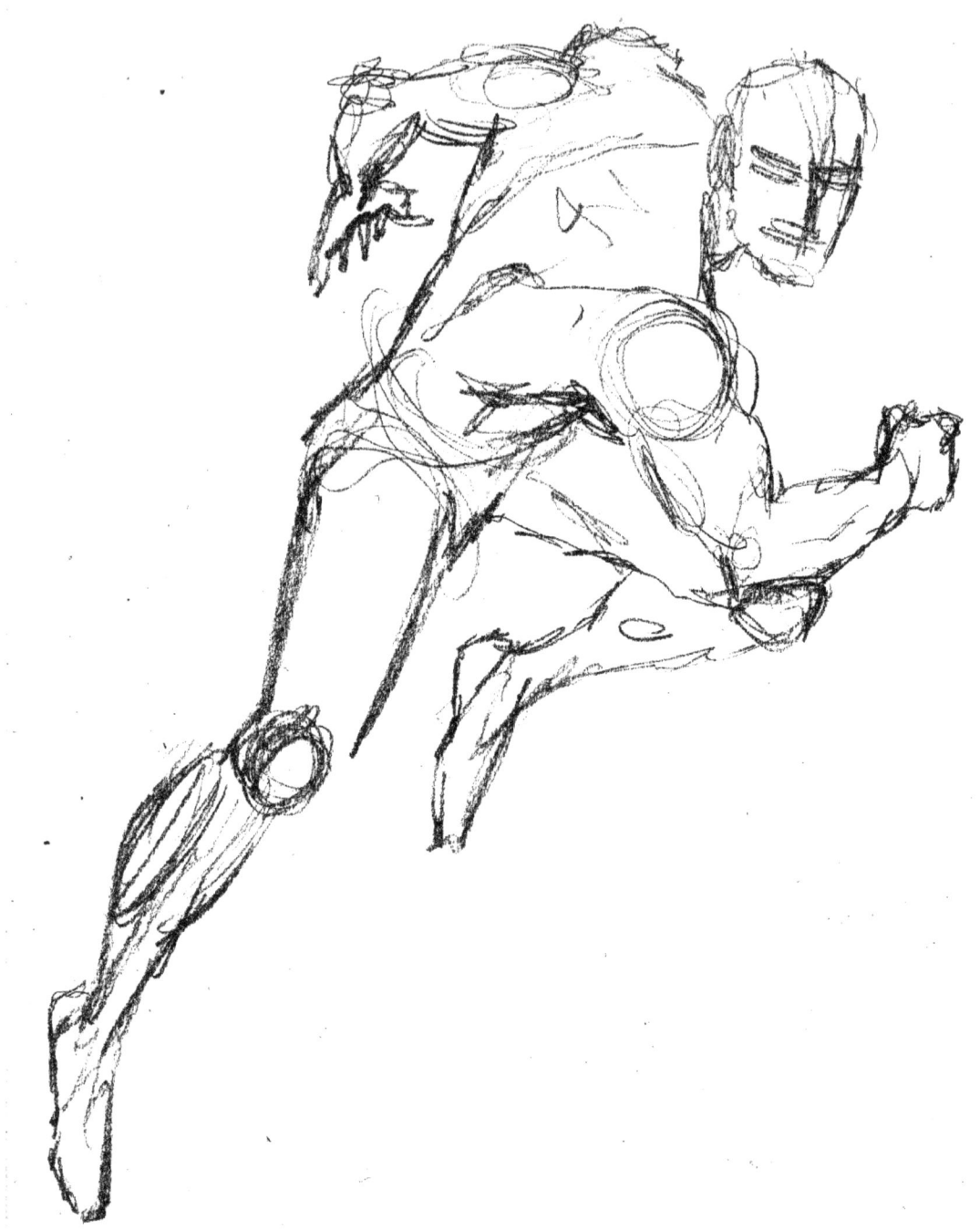

Dieser ausgedachte Superheld wird zeichnerisch mit einem
Scribble angefangen. Damit lege ich Proportionen und Pose fest.
Anschließend zeichne ich die Figur immer mehr aus.

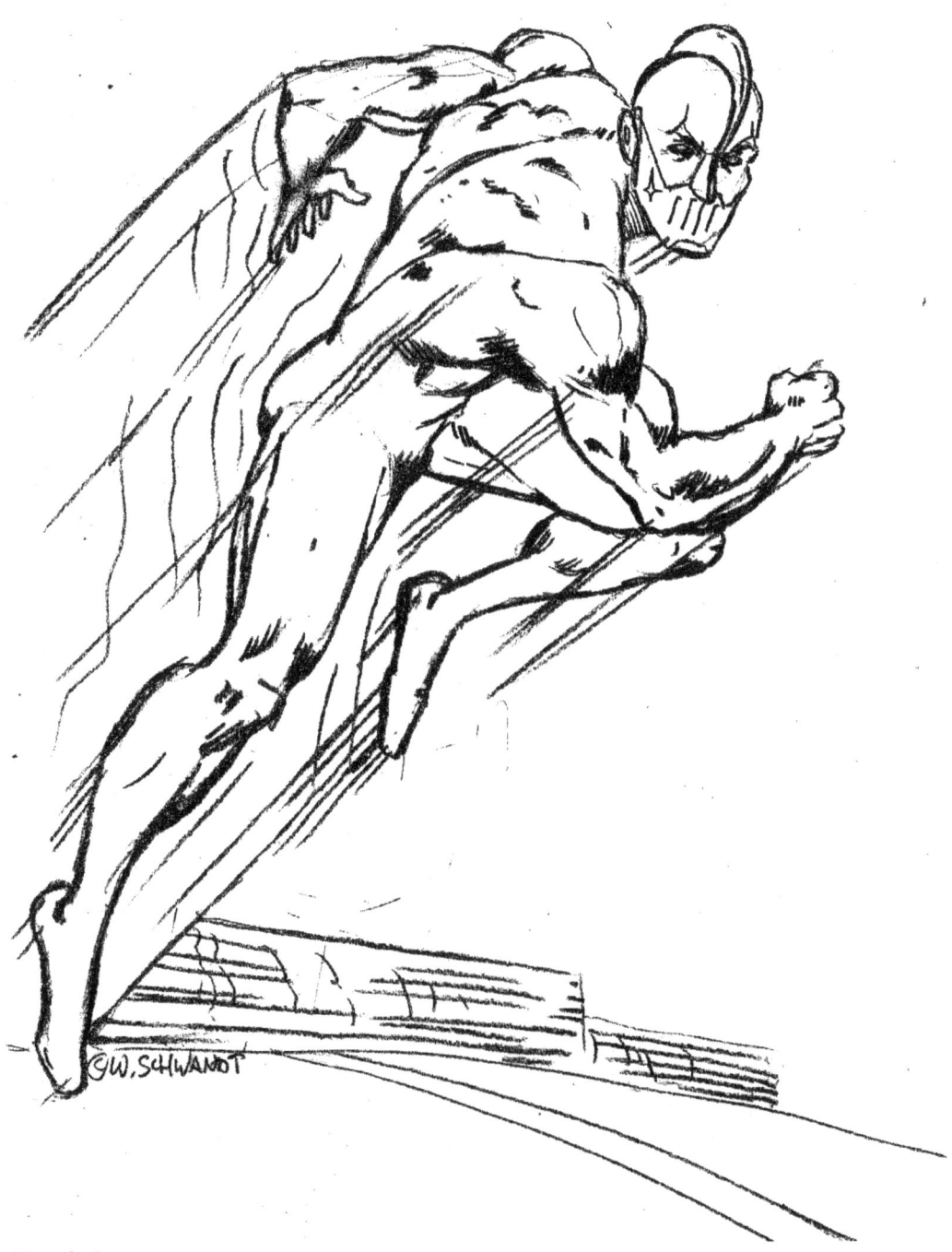

Fertig!

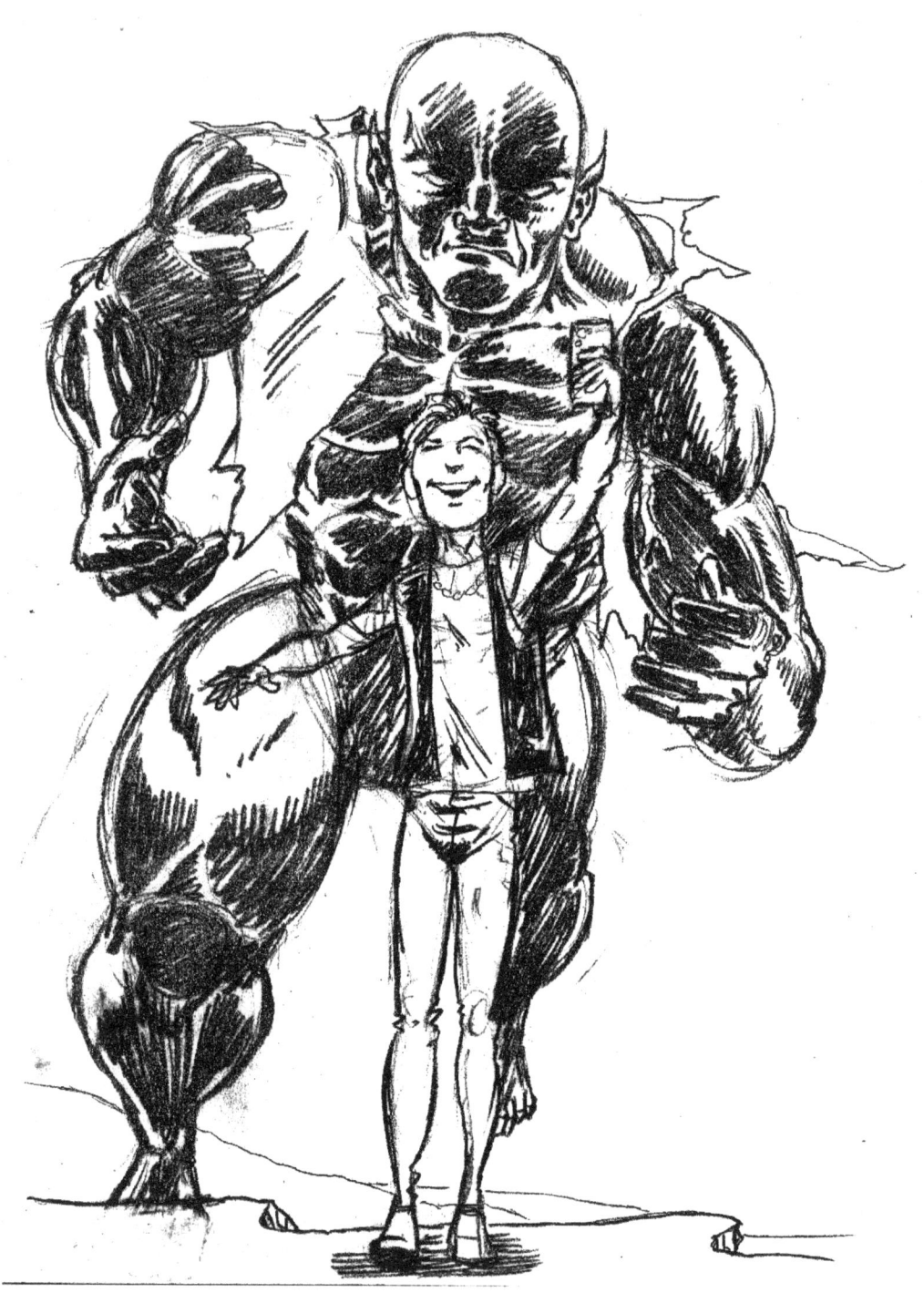

Auf den folgenden Seiten beschäftigen wir uns mit Proportionen und Größenverhältnissen von Fantasiefiguren und Normalsterblichen. Der Otto-Normal-Verbraucher ist kleiner und

unscheinbarer als das kosmische Überwesen aus anderen
Dimensionen.

Hier mal die Proportionen des Körpers

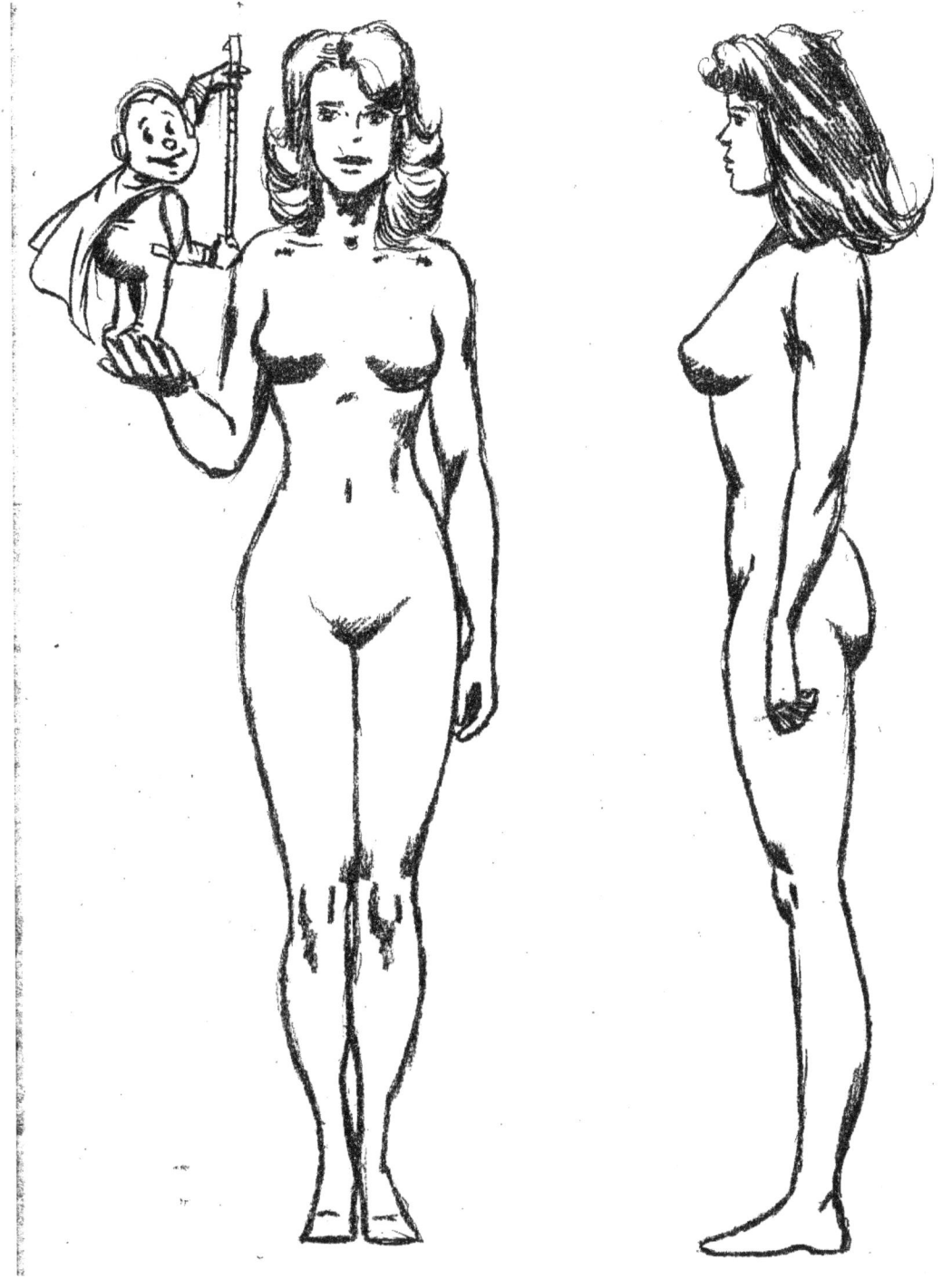

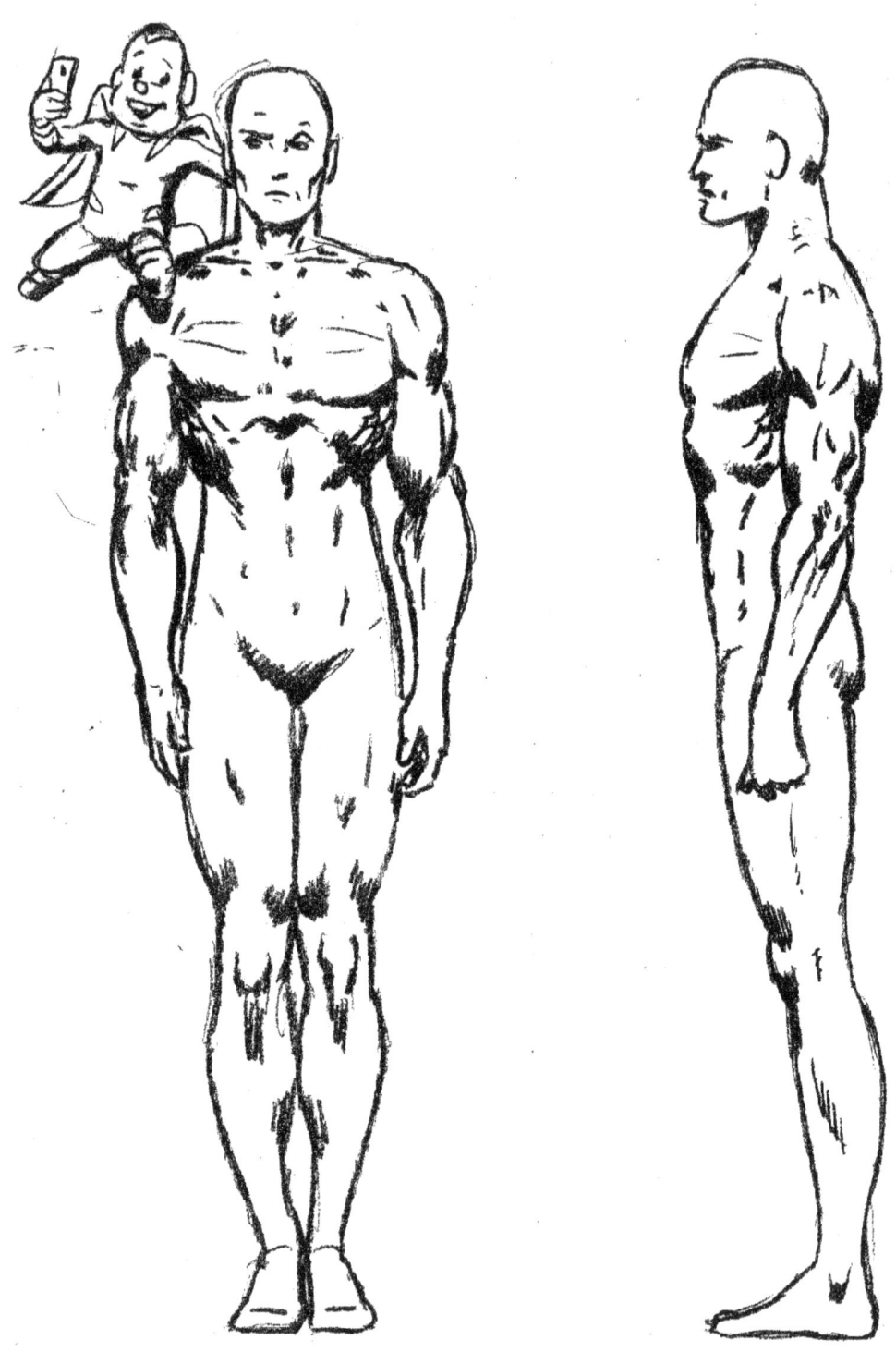

Normale Menschen haben Fehler. So sind sie dicker, unförmiger, haben eine Knollnase, oder eine Glatze. Der Superheld ist ästhetisch nahezu perfekt. Top Body, perfekte Frisur und meistens größer.

Dies unterscheidet sich nur, wenn der Autor etwas anderes bezweckt. Außerdem möchte ich an dieser Stelle darauf hinweisen, dass wir uns hier über Sehgewohnheiten und etablierte Mainstreamvorgaben unterhalten, die nicht zwingend richtig sein müssen.

Sie haben sich aber in der Industrie verankert. Ich persönlich vertrete die Ansicht, dass Schönheit im Sinne des Betrachters zu sehen ist.

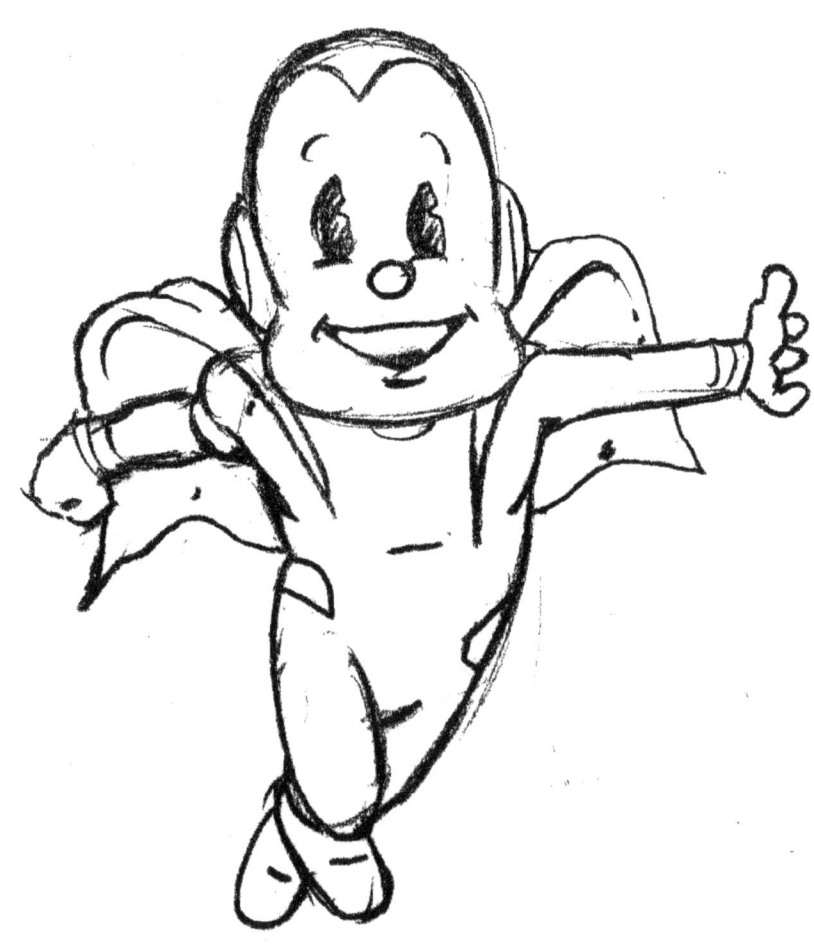

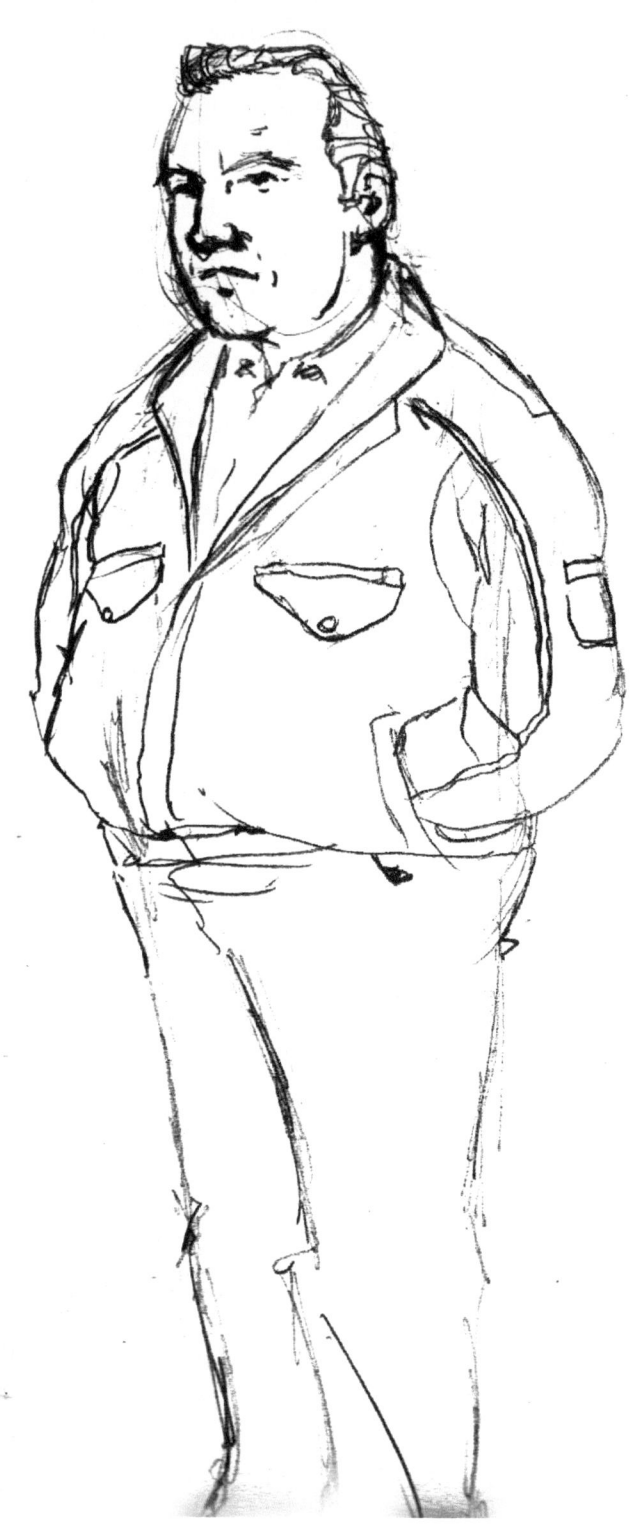

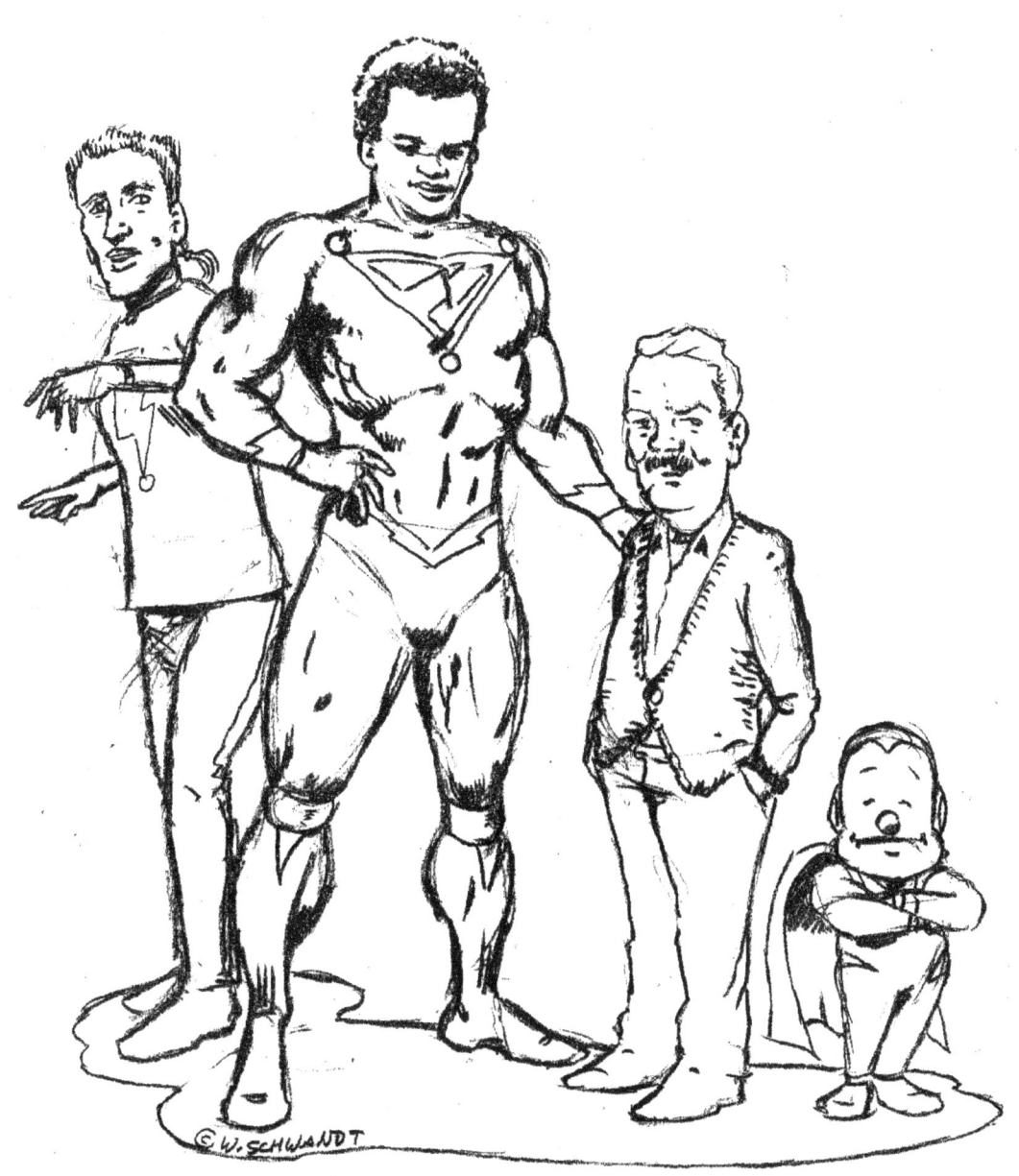

Coole Leute unter sich…

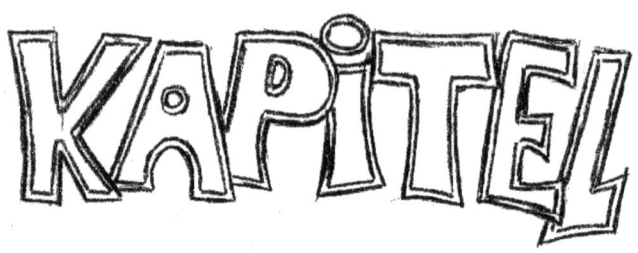

5

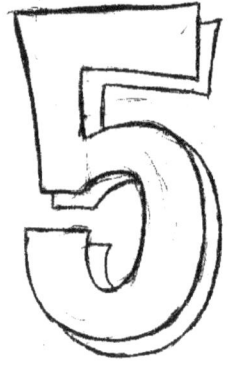

- Der menschliche Kopf und das Gesicht

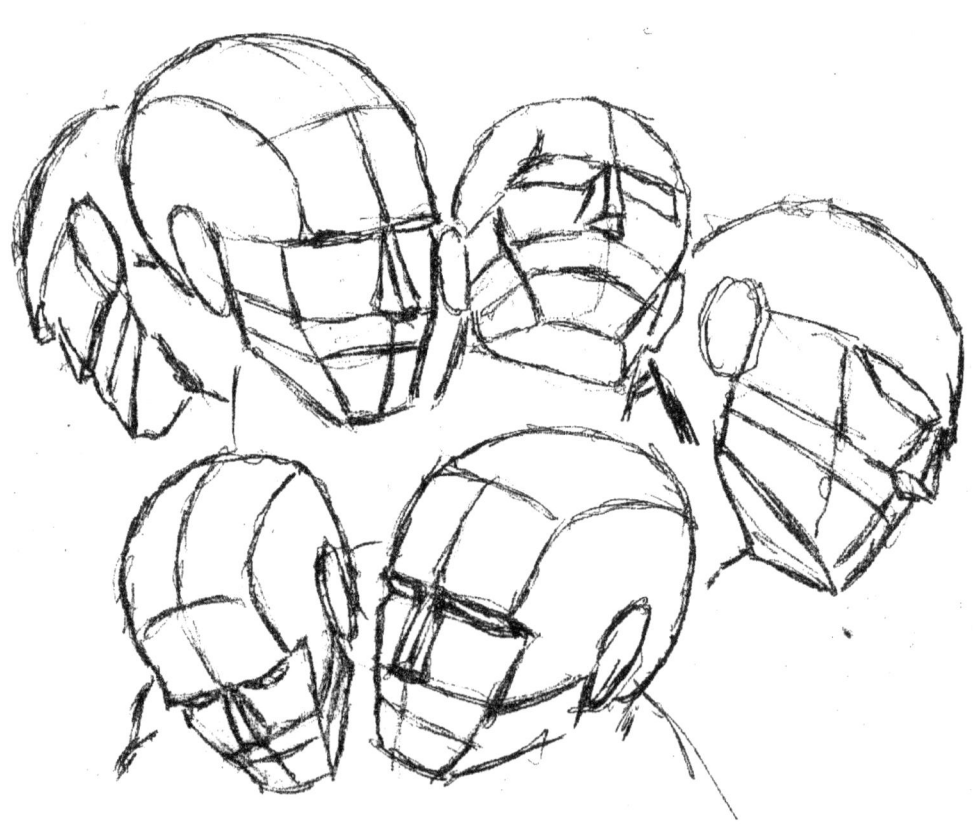

Es heißt, das Gesicht sei die Visitenkarte eines Menschen. Wir sehen Falten, Haare Ausdruck. Über das Gesicht vermittelt ein Individuum die Essenz seiner Existenz. Umso wichtiger ist es sich mit dem menschlichen Kopf und dem Gesicht zeichnerisch zu beschäftigen.

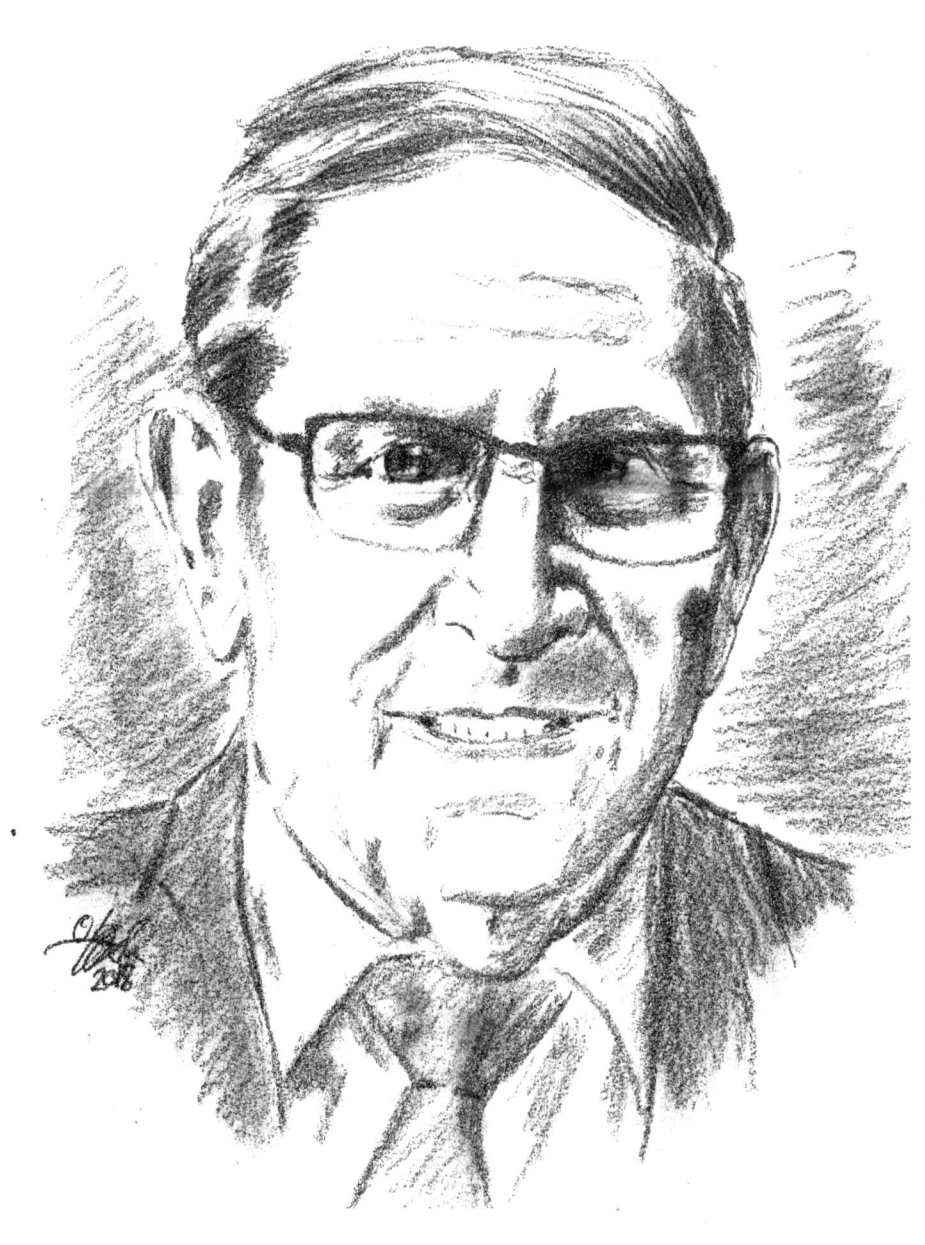

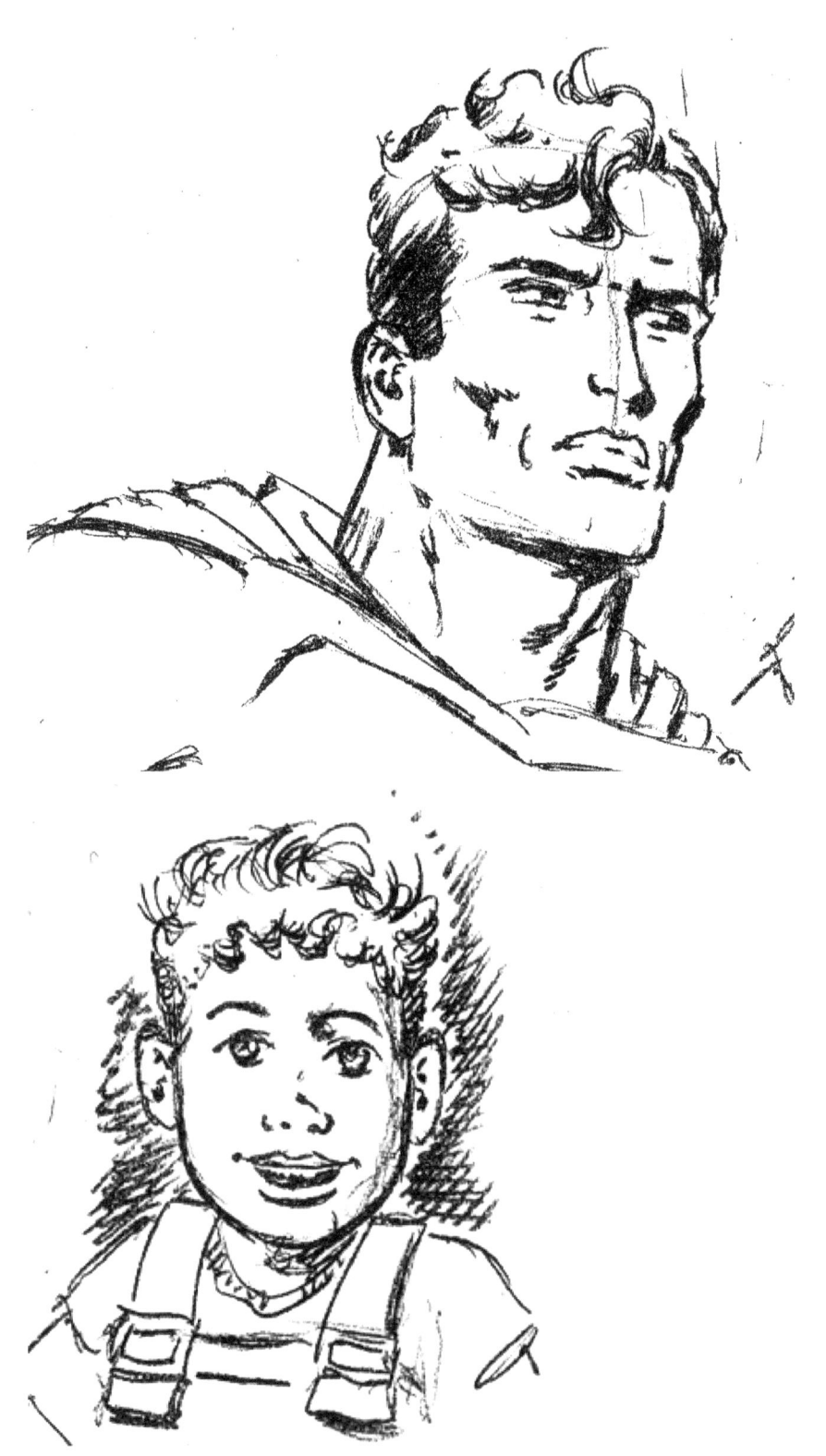

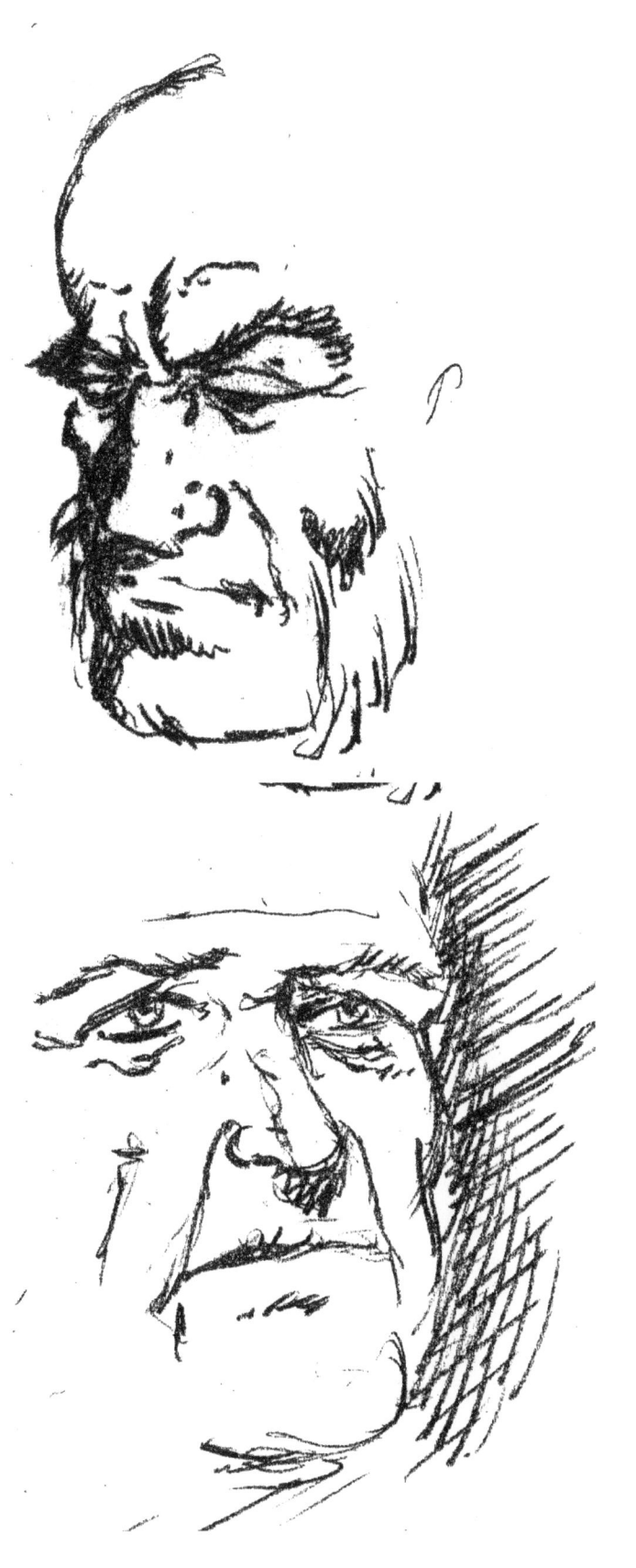

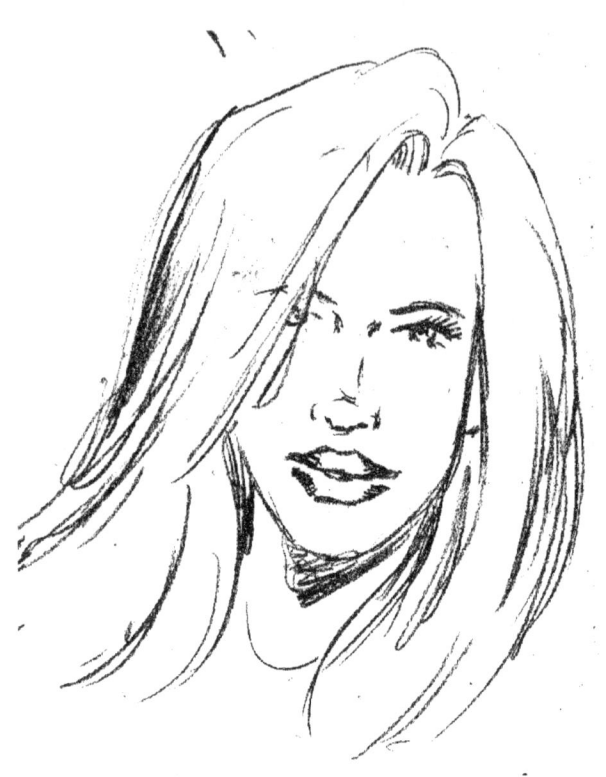

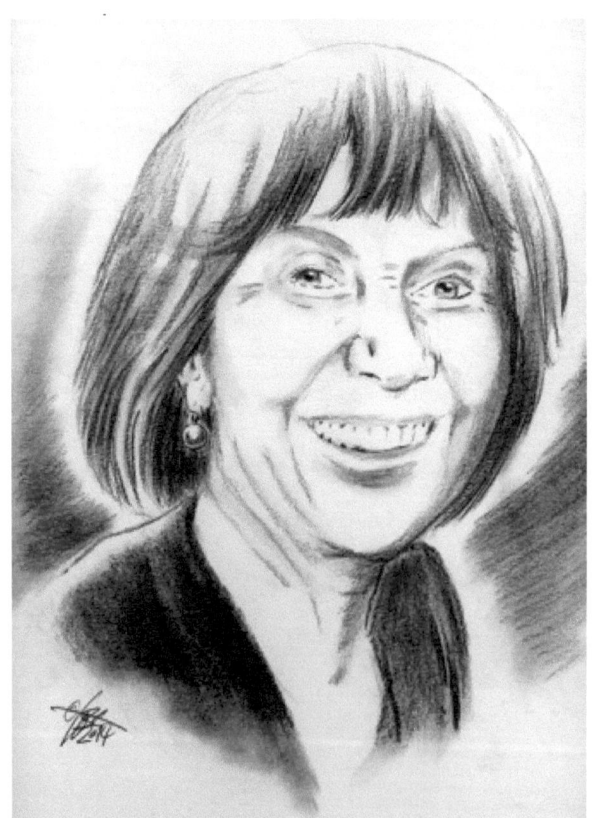

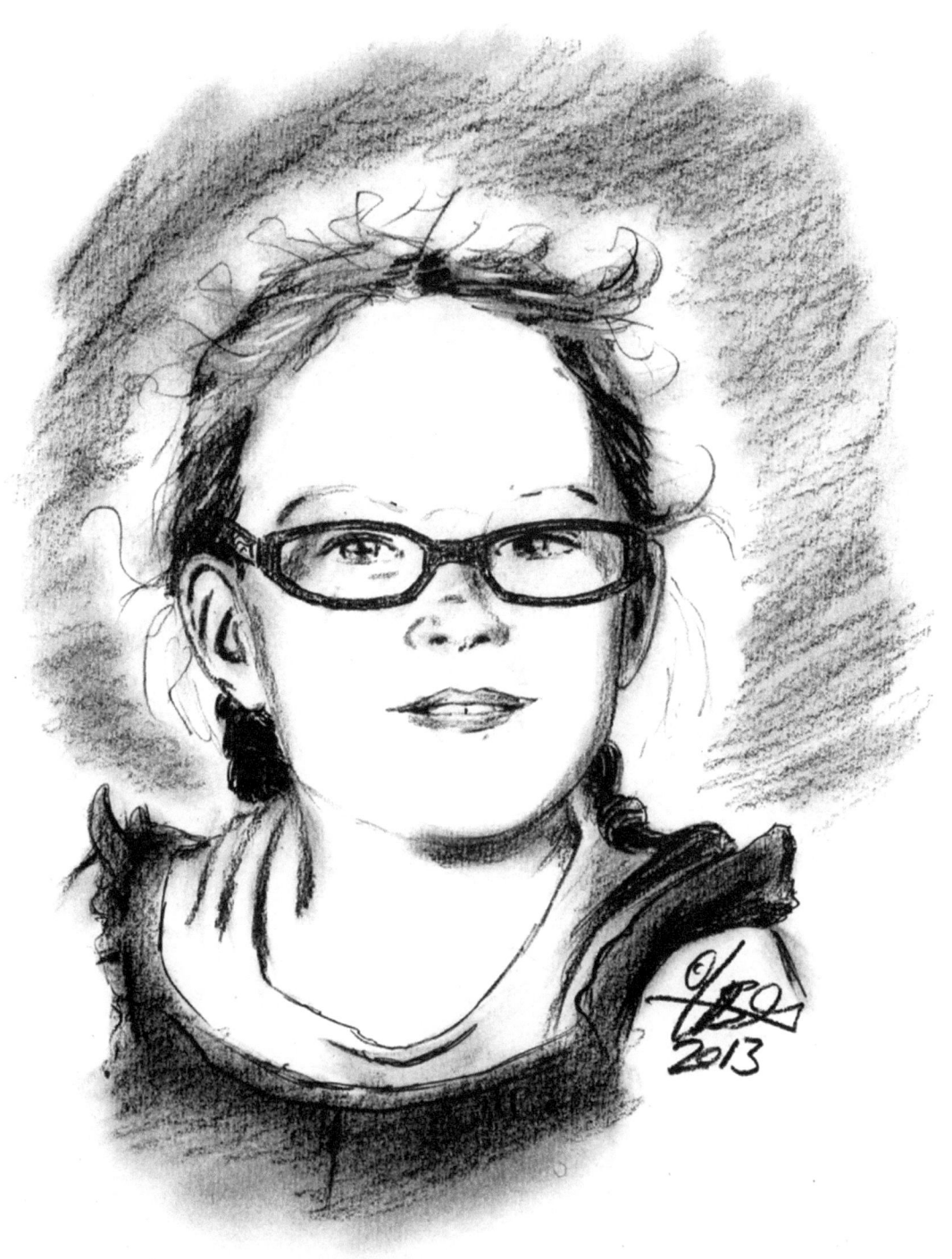

2013

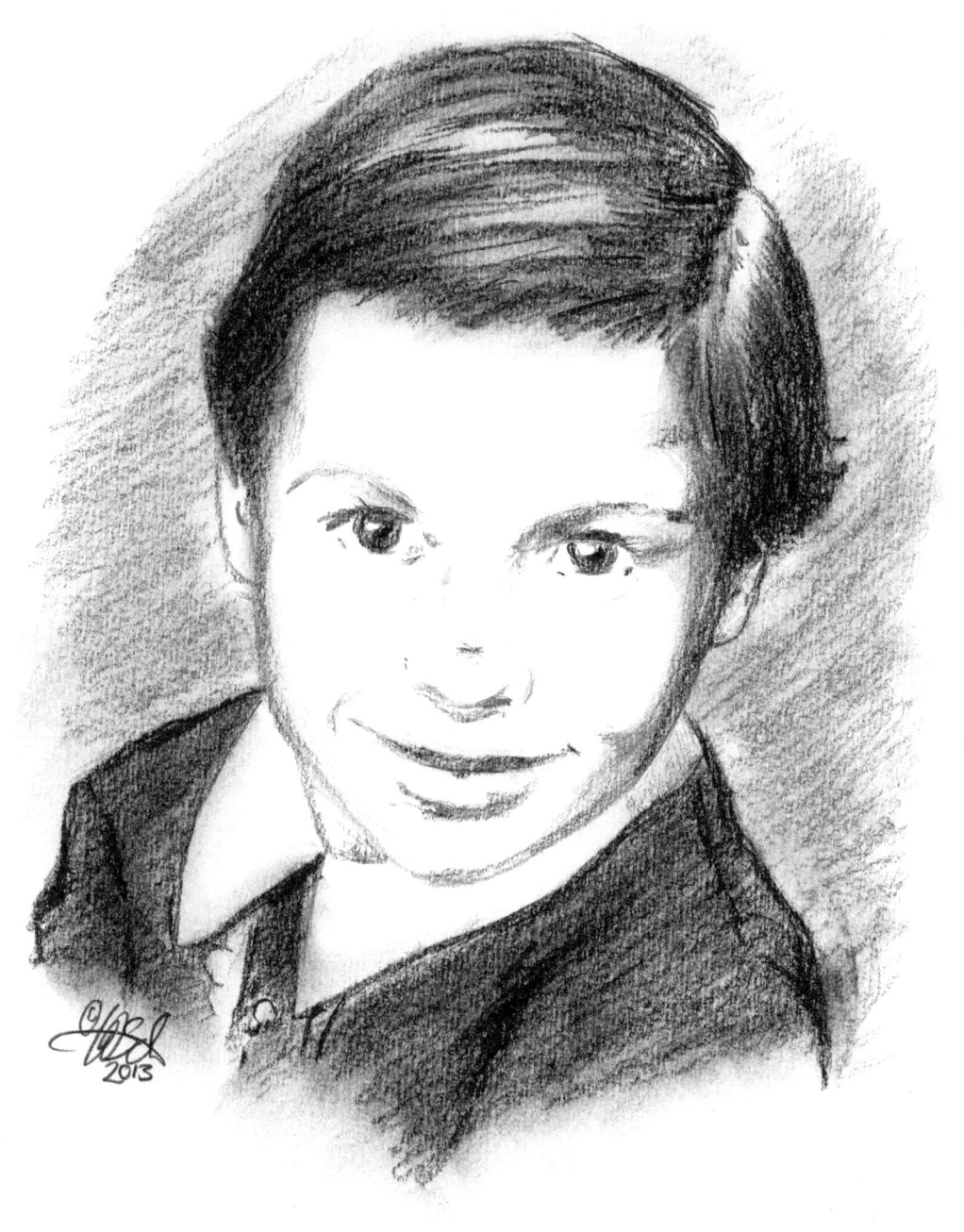

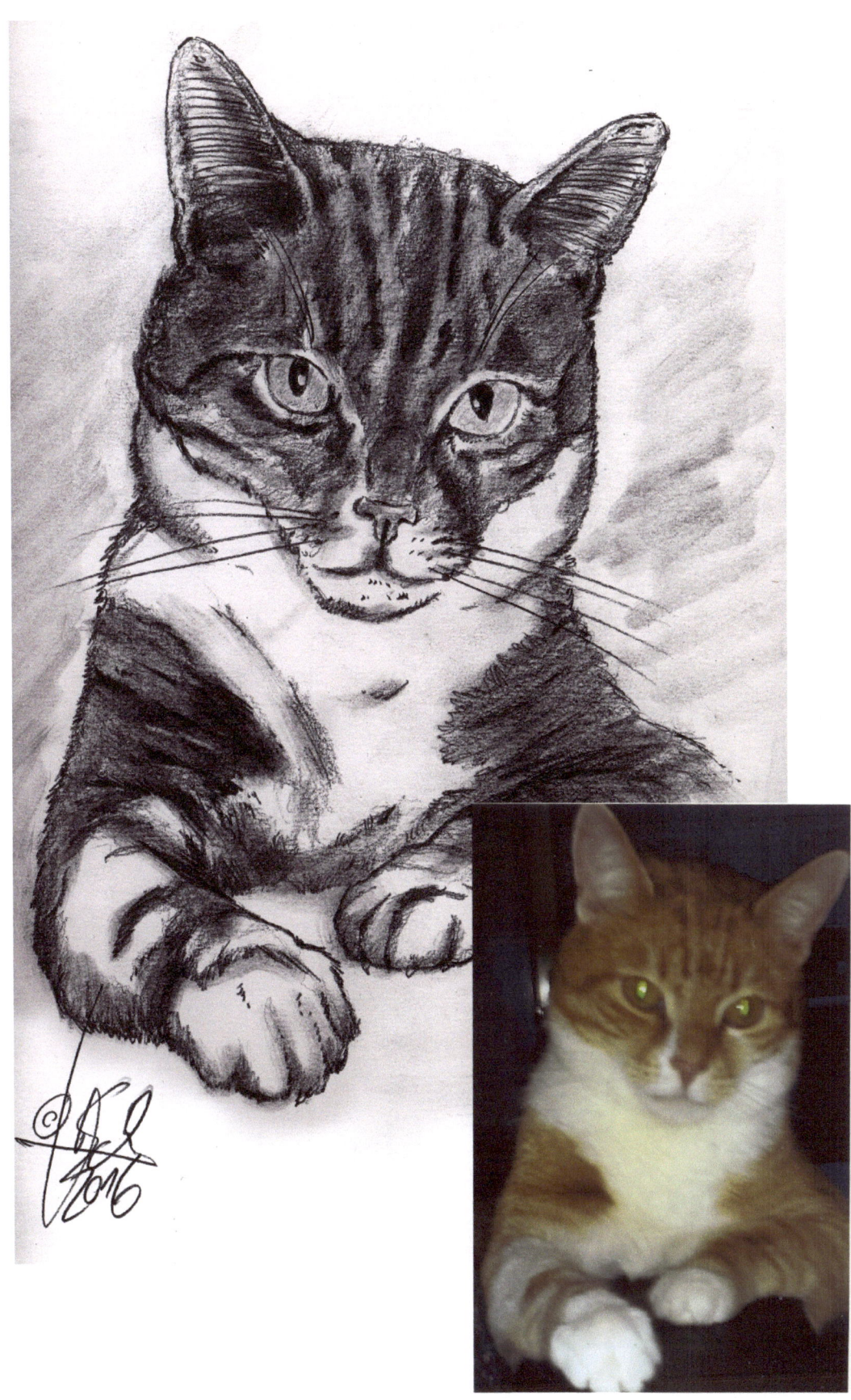

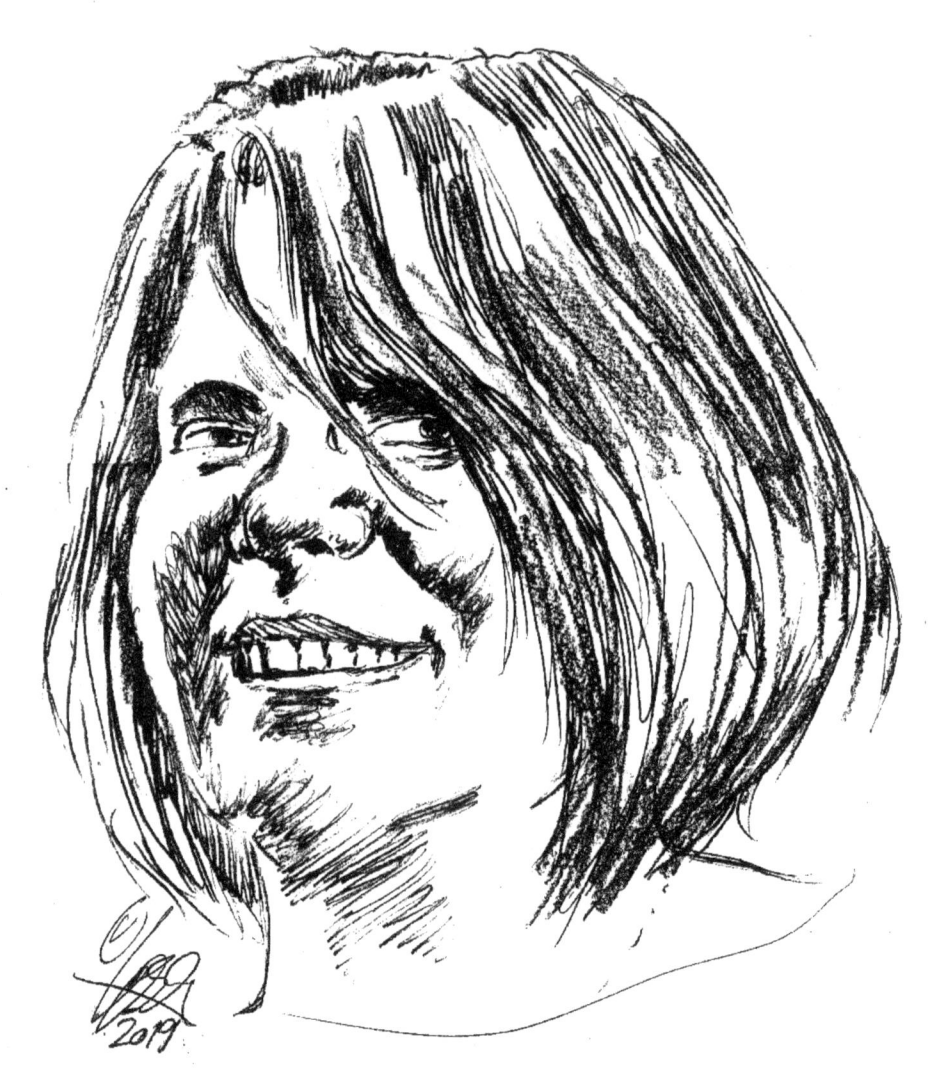

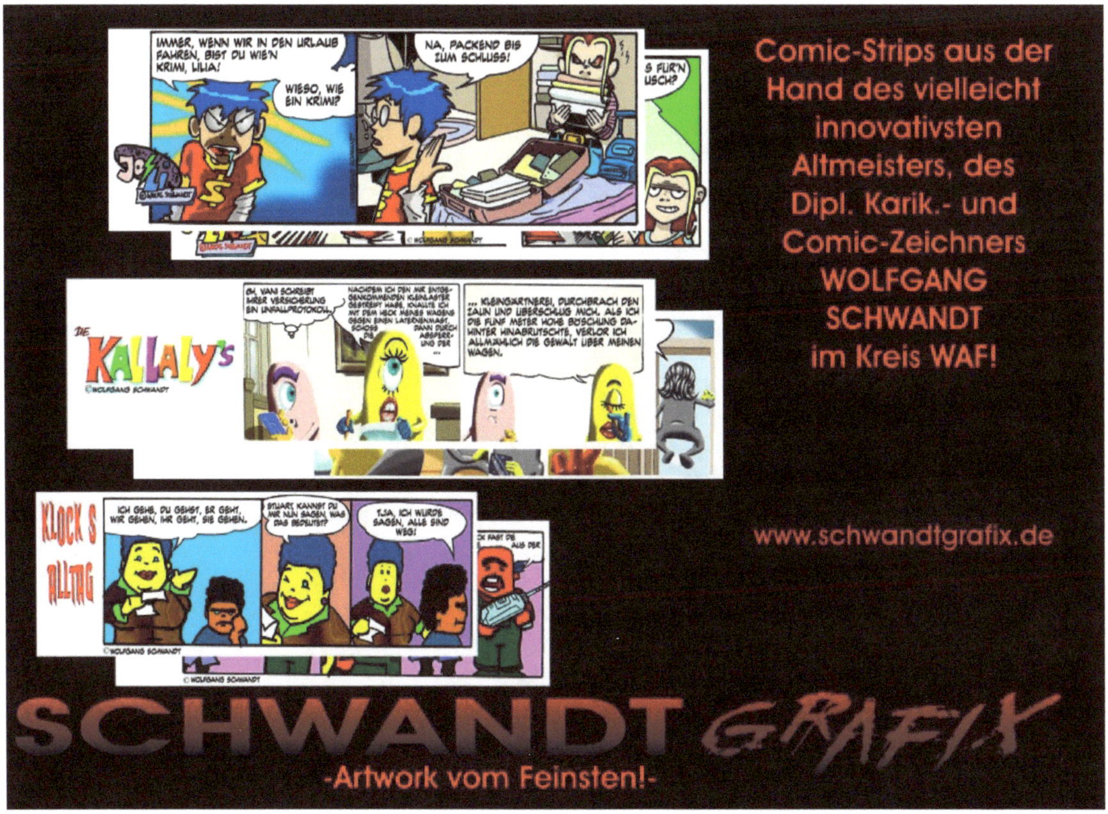

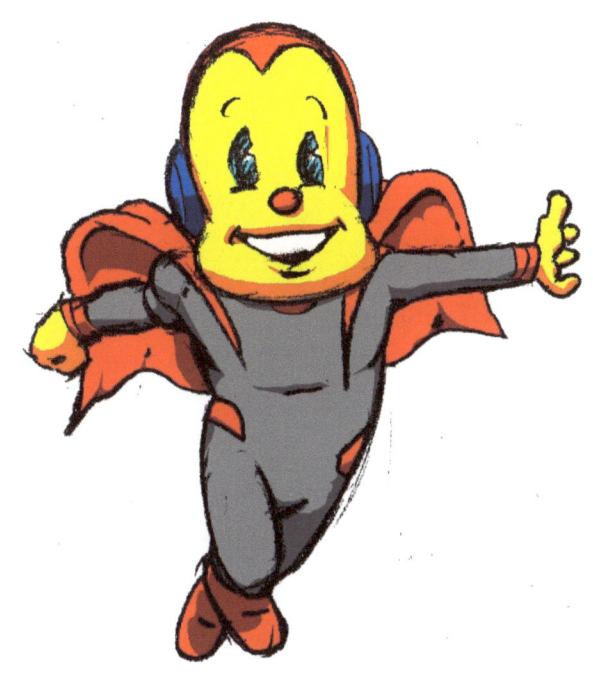

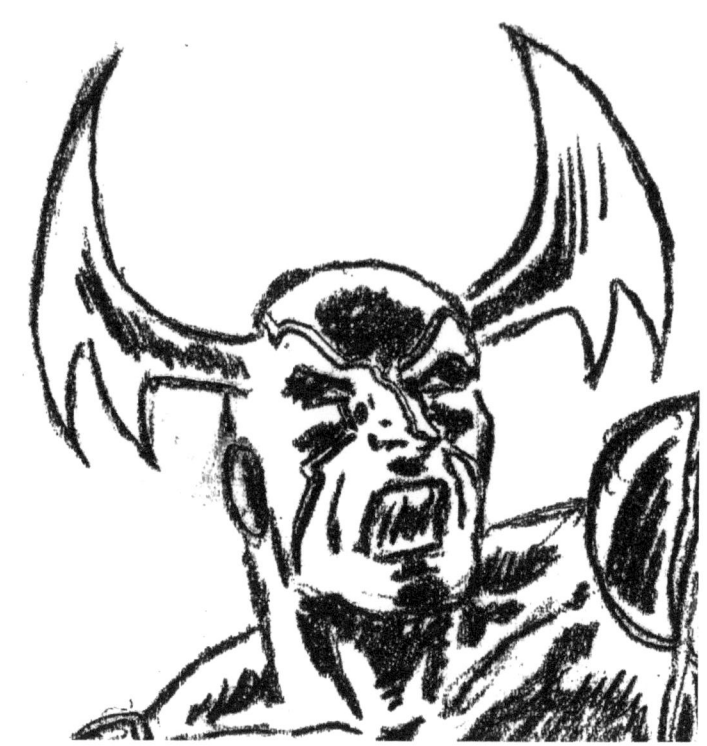

NACHRUF

„Wow! Das war für den Anfang eine Menge Input" werden Sie jetzt vermutlich denken. Dennoch, lesen Sie das Buch ruhig mehrmals durch. Arbeiten Sie damit. Trotzdem sind hier nur Themenbereiche angerissen. Würde jedes Thema genau detailliert beschrieben, würde die Lektüre vermutlich tausende Seiten umfassen. Wir sind also nur in der Lage, an der faszinierenden Oberfläche zu kratzen. Hoffentlich konnten wissenswerte Inhalte vermittelt werden.

Tatsächlich ist die Lektüre dieses Buches und das verinnerlichen von Zeichentechnik der erste und leichteste Weg für Sie als zeichnender Leser. Die brutale Arbeit liegt noch vor Ihnen. Denn nun kommt für Sie die Praxis. Tausende von Strichen,

Begutachtungen ,Verwerfungen, Neustart. Erfolgserlebnisse und Enttäuschungen gehen Hand in Hand.

Doch sind Sie beharrlich genug, werden die Erfolge zunehmen. Aber egal, ob Sie Maurer, Zahnarzt oder Politiker werden, das Zeichnen sollten Sie IMMER weiter betreiben. Es wird ihrer Seele in jedem Fall guttun.

Und vielleicht werden sie die neue Lichtgestalt der Kunst (neunte Kunst) werden. Wenn mein kleines Buch Ihnen auf die eine oder andere Weise geholfen hat, ist für mich das Ziel erreicht.

Es entlässt Sie in die reale Welt ihr

Wolfgang Schwandt im März 2024.

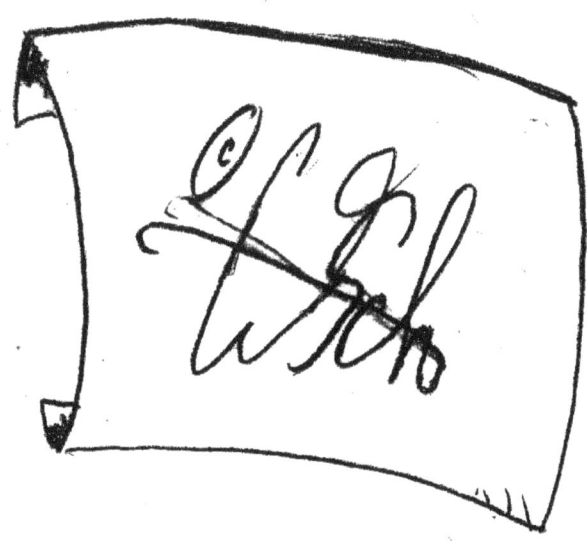

www.ingramcontent.com/pod-product-compliance
Lightning Source LLC
Chambersburg PA
CBHW041501280526
45792CB00004B/1085